棒棰岛·"金苹果"文艺丛书

素素

SUSU

滕贞甫　主编

大连出版社

DALIAN PUBLISHING HOUSE

© 滕贞甫 2015

图书在版编目（CIP）数据

素素 / 滕贞甫主编 . —大连：大连出版社，2015.12（2024.8 重印）
（棒棰岛·"金苹果"文艺丛书）
ISBN 978-7-5505-1007-4

Ⅰ.①素… Ⅱ.①滕… Ⅲ.①素素—生平事迹
Ⅳ.①K825.6

中国版本图书馆 CIP 数据核字 (2015) 第 294413 号

策划编辑：张　波
责任编辑：金　琦
装帧设计：蓝瑟传媒（大连）有限公司
责任校对：尚　杰
责任印制：刘正兴

出版发行者：大连出版社
　　地址：大连市西岗区东北路 161 号
　　邮编：116016
　　电话：0411-83620573/83620245
　　传真：0411-83610391
　　网址：http://www.dlmpm.com
　　邮箱：dlcbs@dlmpm.com
印　刷　者：三河市双升印务有限公司

幅面尺寸：170mm×230mm
印　　张：10.25
字　　数：121 千字
出版时间：2015 年 12 月第 1 版
印刷时间：2024 年 8 月第 2 次印刷
书　　号：ISBN 978-7-5505-1007-4
定　　价：68.00 元

素 素

中国作家协会会员，辽宁省作家协会副主席，大连市作家协会主席，大连市文学艺术界联合会副主席，大连日报社高级编辑，大连大学、大连工业大学客座教授。曾荣获"辽宁省首届最佳写书人奖"、"第四届辽宁省优秀青年作家奖"、大连市政府文艺最高奖"金苹果"奖等。

现已出版十多部散文集。其创作的散文《佛眼》获中国作家协会"广东杯"全国散文大赛一等奖；散文集《独语东北》获中国作家协会"第三届鲁迅文学奖散文、杂文奖"；散文集《张望天上那朵玫瑰》获"第三届中国女性文学奖"；散文集《流光碎影》入选新闻出版总署第二届"三个一百"原创图书出版工程。

目录 Contents

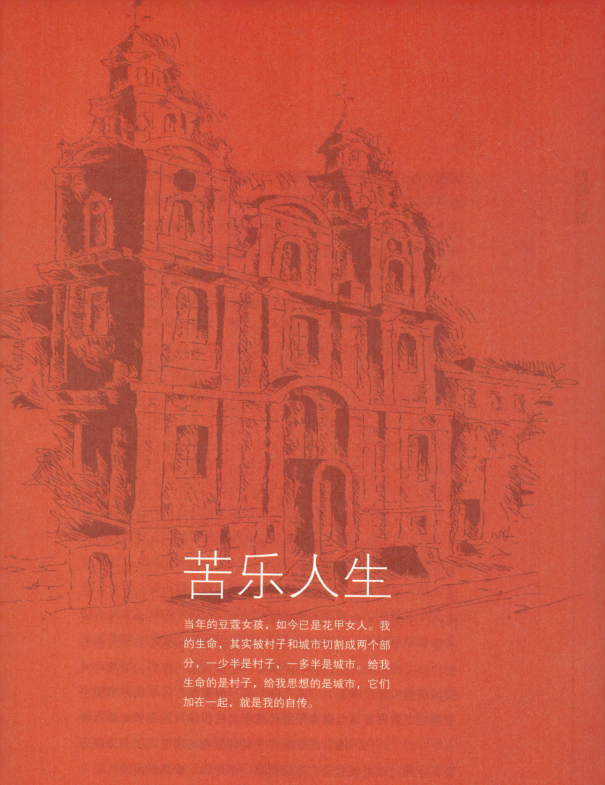

苦乐人生

当年的豆蔻女孩，如今已是花甲女人。我的生命，其实被村子和城市切割成两个部分，一少半是村子，一多半是城市。给我生命的是村子，给我思想的是城市，它们加在一起，就是我的自传。

我的自传

引　言

时间或许只对个人具有非比寻常的意义。对我而言，2015年就是如此。我迎来了生命中的第一个甲子，或者说，人生虽然还有很远的路要走，却已经完成了一场春夏秋冬的轮回。

也许是自我暗示使然，我对今年的天象格外敏感，因为少雨，有人翻了旧账，说它是自1971年以来最旱的年份。于是，在这个长夏的午后，我坐在城市临街的一间小茶室里，与友人喝着汤色暗红的老树生普，安慰着燥热的喉咙，也安慰着尴尬的2015。

然而，就在这个午后，等待了太久的雨云，终于让天空暗了下来，雨珠也一星一星地掉落在地面上。我发现街上开始有人向空中仰起了脖颈，像是在看云的厚度和雨点的密度，以决定是不是要撑伞。过了一会儿，吝啬的雨珠就变成了慷慨的雨丝，路人或找一个屋檐避避，或站在一棵树下。再后来，雨已看不出丝状，仿佛有谁从天空向下注水，势如箭镞，笔直地射向地面，溅起的水花就像求爱者给心仪的姑娘燃起的千万根小蜡烛，窗外那些避雨者的面孔也渐渐地模糊起来，街对面的建筑则变得虚幻了。

我迎来生命中的第一个甲子

最喜欢下雨的天气。

要是下得大了，我就会因为亢奋而出现莫名的紧张；下得小了，就会有一种心神恍惚和伤感。我知道，这是在乡村长大的结果。乡村与大自然最近，我和大自然最难忘的对话，就是在淅淅沥沥的小雨中采蘑菇，或顶着透明如鞭的大雨在毛毛道上飞奔。在我的童年，雨多，雨大，雨几乎是不邀自来，来了就不想走。有雨就有河，而且河是清澈见底的，滚滚流动的，冬天还要结冰如镜的。如今，雨却成了奢侈品，花钱都买不来，成了使小性子的娘娘，三请四叫也不下楼。大自然在疏远人类，即使留在我们身边，也像个被阉去了血性的公公。

不过，我还是要感谢这场突然而至的大雨，因为在它带给我的眩晕里，我看见了一个熟悉的小身影，蹦蹦跳跳的，一次一次从雨的素帘里钻出来，又钻进去。虽然看不清她的脸，听不见她的笑声，可是我完全认得出，那个小身影就是我。突然间，我感觉有什么东西击疼了我的鼻尖，有什么东西比雨更密集地落在了我的心底。这个午后，不是母亲的手牵着我，而是一场童话般的大雨，让我和我自己的过往邂逅了。

我看见，当年的豆蔻女孩，如今已是花甲女人。我的生命，其实被村子和城市切割成两个部分，一少半是村子，一多半是城市。因为我在我出生的村子住了二十三年，然后在我生活的城市住了三十七年。

我始终认为，在我的生命里，一定要有这个属于我的村子，如果没有它，我在文学的路上不可能有坚实的出发。我的村子让我明白了什么叫"哽"。这个午后，它就哽在我的喉咙里。不是刺，是歌或哭一类的东西。

当然，在我的生命里，也需要有一个属于我的城市，如果没有它，我在文学的路上不可能有真正的抵达。我的城市让我知道了什么叫"半径"。这个午后，它像一条道路的隐喻，延伸在我的视野所及之处。不是诗，是惑或悟一类的东西。

总之，给我生命的是村子，给我思想的是城市，它们加在一起，就是我的自传。

村　子

村子是一个偶然发生的事件，就像蒲公英白色的头颅在天空随风飘舞，突然间飞散了，就有一粒种子坠落进泥土，明年的那个地方，又长出一模一样的蒲公英。

村子发生的时候，我还没有出生。我出生的时候，这个村子已经有许多人是我的祖先和长辈，有许多房院住着与我有血缘关系的人。

我问过一直住在村子里的本家老人，最老的那个祖先为什么要在乾隆二十年（1755年）而不是雍正二十年或嘉庆二十年来到这里，他为什么选择了这里而不是别处。没有一个本家老人能够告诉我究竟为什么。时间已经将许多珍贵的细节湮灭得无影无踪。我想，许是一个人或一家人，能一下子就做出决定，背井离乡，朝着陌生的地方闯荡而去。闯关东只是一个大方向，具体逃到什么地方并不是事先预知的，走到那里就不想再走了，于是那里就有了一个村子。

我曾为此去翻书查卷，想为祖先的那一次无可奈何却心甘情愿的逃亡找到一个注脚。

书里写道，由于战火不断，明末清初的辽东地区人寡地荒，一片破败景象，于是，顺治元年（1644年）至康熙六年（1667年），清政府为了增加田赋收入，颁发《辽东招垦条例》，奖励移民到辽东来开荒种地。然而，康熙七年（1668年），不知为什么又下了另一道指令：辽东招民授官"永著停止"，凡出关的汉民要"事先起票，过关记档"，限期内必须回籍。至乾隆五年（1740年），竟有上谕下达："奉天沿海地方官，多拨官兵稽查，不许内地流民再行偷越出口。山海关、喜峰口及九处边门，皆令守边旗员，沿边州县，严行禁阻。"乾隆四十一年（1776年），又传上谕："盛京、吉林为本朝龙兴之地，若听流民杂处，殊与满洲风俗攸关"，遂"永行禁止"流民入境。封禁的结果，却是流民越聚越多，地越辟越广。据嘉庆朝《东华续录》载，清政府最后不得不承认，查办流民一节，俱成空文。

　　那么，乾隆二十年，应该正是辽东查禁最厉害的时候，我的先祖却在这个时候离开了山东半岛的登州，拖家带口漂洋过海，来到辽东半岛的复州（今辽宁瓦房店）。我是后来从族谱上知道，先祖祖居地的全称，应该叫登州府文登县王瞳。那一年，文登县发生了饥荒？王瞳发生了霍乱？还是山东发生了其他不可抗拒的灾难？不管怎样，这样的逃亡，定然有一个情非得已的原因，他们只能把自己混杂在逃亡者的行列里。

　　用现在的话说，这是一场集体性的偷渡。船家摇着大橹，将一船偷渡客终于摆渡到对岸的辽东半岛。这只小船一定是趁着天黑靠泊，这一船偷渡客则一定是神不知鬼不觉影子一般地四散开去。因为辽东半岛岸边布满了旗兵营，兵营里插着有龙的图案的蓝色旗帜。我之所以肯定地说是蓝旗兵，是因为直到现在那一带仍有两个村子保留了当年的旧称，一个叫东蓝旗，一个叫西蓝旗。

　　那个傍晚，我的先祖一定和别的偷渡客一样，缩着身子，掩在茅草里，在蓝旗兵眼皮子底下匍匐前进。他们上岸的地方，其实是复州湾里的一个小岛，也就是现在的交流岛，与它相邻的则是比它大的长兴岛。彼时，我的先祖不假思索就决定留下，后来知道，那是交流岛一个叫"亮上"的地方。这名字听起来有点儿怪，我是根据母亲的话音这么写的。问题是世代为农的先祖很快就发现不对了，岛上是荒山秃岭，地皮太薄，长不出好庄稼，绝非久居之地，于是，决定举家离开。这一次，不能叫逃亡，而是迁徙。

岛是闯关东的一块垫脚石。我的先祖告别了它，率家族一直向辽东半岛东部山区走去，然后定居在一条树高林茂的山沟里。直到前些年，本家的男人女人还去那条山沟里上坟。那地方在老帽山下，那条定居的山沟叫李刘沟，我的王姓本家至今还有后代留在沟里。之所以叫李刘沟，主要是李、刘两大姓最早来到沟里建村，王姓属于后来者，算是杂姓或小姓。

母亲说，王姓最终离开李刘沟，不在于自己是小姓或杂姓，而是跟土地有关。沟里虽然土肥质厚，但是毕竟太逼仄了，种庄稼需要的是面积，更何况王姓来得晚，本来就少的好地块早已被李、刘两大姓占有。即使这里已成几位前辈的首丘之地，王姓晚辈族长还是决定率族人离开狭小的山沟，去找视野开阔的地方，找可以种大片庄稼的平原。

有一支王姓选择了留下，也是为了看管祖坟，更多的族人则跟随族长沿着一条河继续向前走去。所谓的向前走去，其实是向西走去，也就是换一条路线往回走去。一切都源于河的指引。这条河叫复州河，老帽山是它的发源地。沿着河走，这是古代先民的一种生存智慧，王姓族长当然也明白这个道理。走的途中，遇到了一个水汊，它是复州河的一个支流，名叫九道河。不知出于一个什么念头，王姓族长竟然离开了主流复州河，选择了支流九道河。然而，走来走去，也没走出复州境内。

九道河九曲十八弯地流淌，只见山岭越来越矮，河面越来越宽，最后山岭突然就闪开了，九道河一下子失去了阻挡，平地出汪洋。河还是河，河两岸却汪出许多水泡子，由水泡子又漫延出一片沼泽和野生的芦苇荡。

王姓族长应该是在深秋时节走到这里的，他拍拍身上的尘土，站在河岸的高埠上放眼看去，秋日的河水安静而带着一丝寒意，芦花在微薄的曙色里寂寞地开放，如一堵堵棉墙。王姓族长于是就做出了一个英明的决定：不往前走了，就在这里开荒种地。尽管再往前走也许还有更好的地方，这里不过是一个河套，然而王姓族长既已拿定主意就绝不动摇。

一个村子，如一场事件，就此发生。

然而，这个不论在老人的传说里还是在我个人的记忆里一直都被河流浇灌、被树荫笼罩的村子，如今却像被洗劫了一样，变得面目全非，不忍相看。我知道，这不只是一个村子的命运，中国所有的村子都衰败成了明日黄花。

记得是20世纪90年代末的一个春节，我回家心切，还隔着两个村子呢，就想在这两个村子的间隙里望见我老家那个村子。明明知道这不可能，明明知道老家有一条九道河，河的两岸都是大树，夏天密不透风，冬天苍苍茫茫，藏在树后的老家是绝对望不见的。但是，眼前的情景却让我怔住了，我竟然在一瞥之间，一眼就望见了老家所有的院落，而且一眼就望穿了整个村子。再看近前的这两个村子，竟然也如此这般，像被人扒光了衣服的丑妇，不知羞耻地裸露在天地之间。我不知道这是为什么，这一切是从什么时候开始的。作为村子，它们已不完整，"村"的左边是"木"，右边是"寸"，意思是一寸土地一棵树，一个没有树木的村子，还是村子吗？总之，那个傍晚，我站在乡政府门前的汽车站那里，远远地望着老家的村子，泪眼汪汪，陌生得不敢近前。

大弟说，农民呗，那树没长在自己家的院子里，就不是自己的，砍了就是自己的了。我姐说，我天天担心发大水，可倒好，雨也少了，河也干了，连着几年大旱了。母亲说，早年上河洗衣服、洗澡得搭伴去，到处是阴凉，还有狼，常常叼走谁家的小孩子，现在没有狼了，走道就怕人了……最后，我流着泪说，咱不在这儿住吧，咱想办法进城吧。这话说得他们全体吃惊，父亲三十年前就在城里分到了二层楼房，如果不是母亲太喜欢种菜养猪，早就没有乡下老家这一说了。

记得那一天我哭得非常厉害。后来与城里的朋友们相聚时，每次我都要说起那个情景，每次说我都要哭一场。两岸的树被砍成烧柴，九道河如一具干尸，故乡应有的温情已经燃成了灰烬。我觉得很委屈，我的一颗太依赖、太依恋的心受到了黑夜般的伤害。老家的村子距我越来越远，我已经在心里与它作别。

可是，即使这样，我的亲人们仍然住在村子里。我姐仍然给人家辛苦地做着媳妇，大弟仍然开着一辆卡车挣着出力的钱，母亲仍然坐在火炕上抽烟想心事……他们仍然不觉得这样的日子有什么艰难，日子似乎就应该是这样的，今天紧巴点儿，明天又能宽裕点儿，什么都不能总好，也不能总不好。他们没有眼界，只能用仁慈的心接受命运的安排。老家的村子里有这么多的亲人，我能不回去吗？

后来发生的一件事情，终于让大弟做出了离开村子的决定。时间是2003年清明节，我们姐弟四人去给父亲上坟，猛然发现父

2002年秋天，在乡下

2003年秋天，告别之前，坐在农家的果园里

亲的墓碑不知被谁给推倒了，而且被砸去了一个角。父亲的坟与我家祖坟在一起，在村子的西山上。在辽东半岛，王姓家族先后有两处祖坟，一处在几十里外的李刘沟，一处在九道河西岸的山坡上。母亲非常窝火，嗓子疼得说不出话。我劝母亲说，季屯也发生过这种事，谁谁在城里做房地产做得很火，就有人说他家祖坟冒青烟，凭什么让他活得这么滋润，就有人砸了他父亲的墓碑，一个村子的天地太小了，千万不要太在乎。母亲说，你说得对，村子太小了，咱搬到城里去住吧。

母亲终于说出了这句话，我也松了一口气。我觉得，父亲的墓碑被砸只是一个诱因，母亲早就在思考走与留的问题了。乡下的家里，就剩她和大弟媳妇两个人。大弟的儿子三年前考上大连的一所大学，而且是非常走俏的计算机专业。大弟虽是农民身份，却在开发区开了一间物流公司，还在大连市内买了一套一百多平方米的房子，就等着接母亲和媳妇过来住了。现在好了，因为父亲的墓碑被砸，母亲在她七十八岁这一年的春天痛下决心，要离开那个她住了一辈子的村子。

其实，老家的这个村子，从它诞生就不断地有人来，不断地有人走。来的人以为这里是福窝，走的人知道这里穷掉底。我的父亲曾背着母亲报名参

2003年10月底，随大弟迁入大连之前，母亲与我合影留念于家门前

军走了，我的小叔当盲流最远曾跑到兰州。最疯狂的离开，发生在近十几二十年，城市房地产大兴土木，许多人都以各自的方式走出了村子，在家里留守的都是不能挣钱的老人和孩子。村子因为少了人气而更加低矮，更加破败，母亲的衣襟也就不再有人死死地扯着不放了。

公元2003年秋天，大弟开车拉着母亲和媳妇进城了，新家在大连丽景春天小区。他没有像我的先祖和族长们那样，即使逃离也只是让一个新的村子发生，而是干脆就向城市逃去，而且就在城市安家。

当然，村子和城市没什么不一样，不是最后的终点，而是逃

2004年"五一"劳动节，进城以后的母亲和我在大连海边游览

亡者的驿站。因为所有的逃亡者，都回不到逃离的原点，只能永远走在逃亡的路上，并且永远不知所向。

家　族

大荒地。这其实是我偶尔听说的名字，说这话的人不是本家长辈，而是一个在村里当过教书先生的申姓老者。他说，咱们这地方原来叫大荒地，不叫黄土岭，你家老祖宗是大荒地的开拓者，对俺们后来者有大功啊。

这是2000年年初的某一天，我在街上与申姓老者不期而遇，他知道我发表了许多文章，正在帮助族里的长辈和晚辈续写家谱，就跟我说了这么一句。

这是一个秘密，也是一个意外收获。在此之前，我只知道我出生的村子叫黄土岭，王姓家族也从未有人说过这里还有另外的名字。可以想见，这里原本没有名字，因为是一片傍河而生、尚未开垦的荒凉之地，王姓族长就给它取了这个名字：大荒地。

亮上，李刘沟，大荒地，构成一幅王姓先祖在辽东半岛的迁徙路线图：前面两个地名，如今还这么叫，只有大荒地改成了黄土岭。

在大荒地，开始的日子是孤独的。河东岸无人收割的芦苇丛中，只有王姓先祖们搭盖的一片茅草房。不知过了多久，又有人沿着河摸索着走来。他们看河东岸炊烟袅袅，就在河西岸悄悄地住了下来。

这就叫不约而同。后来者与王姓来自同一个方向，而且也是偷渡客、逃亡者。于是，同病相怜，彼此支撑，东岸西岸，不用说什么，已然是默契相守。王姓因为早到，且已耕耘出大片肥沃的土地，出于悲悯和体恤，只以不多的价钱，就把熟地卖给了晚到者，让他们初来大荒地就能吃上新鲜的玉米和高粱。当然，如果没有晚到者，大荒地还不能算是真正意义上的村子。

有一件事是不能动摇的，王姓是先来的，所以王姓是大荒地的大姓，后来者则都是杂姓或小姓，且统统叫外姓。不论后来者是否承认，王姓尽管给了他们许多优待甚至救助，举止言谈中却不免带有些大姓"沙文主义"。

九道河东岸最大的那一片芦苇荡，将最早来到的王姓团团围住，他们十冬腊月坐在炕上吃饭，白色的芦花能飞进碗里。然而，开垦到最后，王姓像是要故意给自己留个念想，要求子孙永远留下家门口的那一大片芦苇荡。所以，要是河西那几家杂姓小姓来河东王姓家串门，一般不说上谁谁家坐一会儿，而是说上大苇园坐一会儿。大苇园，彼时已成王姓家族的别称。

夏天一下大雨，九道河就要发大水。大水下来的时候，老远就能听见呼咚呼咚沉闷的响声。整个村子就像听到了敌情，人们披上蓑衣，戴上草帽，一个扯着一个站在自家房顶上。不一会儿，黄浆浆的大水就冲下来了。水头的样子像一群疯牛，它们很快就漫上河岸，漫进王姓四周那一大片苇园，而且撞开后门，毫不客气地从后门蹿进去，又毫不客气地从前门蹿出来，横行霸道，如入无人之境。大水过后，就有许多房子被水拉走了。奇怪的是，河东的大姓和河西的杂姓都忠贞地守着这条害河，房子一次一次被大水淹没或冲倒，水退了，再盖，村子始终是村子，房子越盖越多，人口也越来越多。

王姓是大姓，大姓必然派生出许多支系，有的留下来守着祖业，有的搬到别的村子另盖房宅、另起炉灶，有的就走远了，走到柳条边外的吉林、黑龙江。走远的就很难再回来，搬到别的村子的还是一家人。

族里有人老了，全族的男女老少都来戴孝帽子、穿孝衫。祖茔地在三四十里远的一条山沟里，出殡时要八帮人换着抬杠。女眷坐车，男人骑马，背着水和干粮，浩浩荡荡上路。

每逢过年，不论出门在外的还是守家在地的，都要到大苇园来敬老宗谱。老宗谱平时装在一只枣木匣子里，各家各户过年供的宗谱是老祖宗之下一支一份的祖宗。族里谁家嫁女娶媳，必是到大苇园去请来宗谱匣子，把它放到堂屋正北的供桌上，点着香，磕了头，才拜天地、入洞房。

这是王姓家族自己的宗教。族亲们创造了各种各样的仪式，不论做什么，都可以套进一个相应的仪式，让所做的一切隆隆重重、堂堂皇皇。日子是复杂的，讲究排场的，有风有俗有繁文缛节的，初来时的惶然和窘迫，经过了二百多年的挣扎，已经被铺垫得从从容容。

王姓在我太爷这一代，发生过三个不大不小的事件。一件是我的一个本家太爷在州衙里当上了税官。大荒地本家有人在复州城里卖烟叶和柴草，城里某位霸爷买了东西不给钱，本家就去找州衙税官，因为衙里有人，那霸爷立刻乖乖地把钱如数交出。大荒地的王姓以此为荣，在城里做买卖再也不用担心被抢，抢了也能要回来。

另一件是我的一个本家太爷考上了庠生，也就是秀才，他是文章高手，虽处乡间一隅，却名播远近。母亲说，我能写文章像本家这位太爷。

还有一件是本家的另一个太爷被人勒死。大苇园王姓从不提这一节，认为不是一件光彩的事情。这个太爷好赌好嫖，他的死是因为嫖了河西申姓家的一个小媳妇，有一天夜里，他让人勒死在南窑。究竟是不是申姓干的，王姓一直没有追究。

以上发生的事件，是王姓注定要经历的悲喜交加。但是，在最后一个事件里，我格外注意到了南窑这个地方。母亲说，咱们家不光有南窑，还有北窑呢。

原来如此，北窑和南窑都坐落在九道河东岸，王姓以大苇园家族居住群落为中心，在向南向北目光所及之处各建了一座土窑。这两座土窑其实就充当了两块地界石，当千顷良田垦出之后，北窑所在地就叫北洼，南窑所在地则叫南洼。洼即洼地之意，与洼地对应的叫山地，区别是山地土薄，洼地土厚。在淳朴的田园牧歌时代，王姓是大荒地最大的地主。

南窑和北窑最后一任继承者是我爷。甲午战争和日俄战争时，大荒地在明清时代留下的驿路上，看不见百里之外爆发的战争，却看得见兵过马走。战争的阴影伴随了我爷整个的童年和少年时代。20世纪30年代，复县（1913年复州改称复县）与金县（1913年金州改称金县）已是两个世界，以石河驿为界，南为所谓的日本"关东州"，北为伪满洲国。我爷的乡绅身份，让他不得不担当个甲长。我知道，伪满实行保甲制，甲长是一个村子的头领，保长是几个村子的头领。这说明我爷不过是沾了大姓的光，又因为地多，混上了这个差事。甲长的形象在电影里常见，一般都是带着伪军挨家挨户动员出钱出粮出壮丁什么的，不知我爷当年是不是也这么干。

听母亲说，我爷的原配早逝，她给我爷生了大伯父和二伯父。我奶是我爷的续弦，她嫁给我爷之后，一口气生了十六个孩子。母亲说，她都嫁进门了，我奶还在生。母亲还说，她没见过我奶这么心狠的妈，孩子生下还有口气，只是看上去活不长，我奶却叫接生的老娘婆给扔了。那年冬天，我奶又生了一个，母亲早上开门去院子抱草做饭，见门口扣了一个大筐，里面好像有什么东西在蠕动，上前打开一看，又是被我奶扔掉的孩子，这么冷的天居然还没冻死。这个情景，让母亲记了一辈子，她跟我奶也因此永远亲近不起来。这十六个孩子有男有女，最后只活下来两个儿子，一个是我父亲，一个是我小叔。母亲跟父亲说，你的命真大，你妈怎么没把你也扔了喂狗！

家里人都说我爷是个福将，好好的一个人，突然跑肚拉稀，不出几天就撒手人寰。他走后的第二年，家里就遭土改。母亲说，如果你爷还在，肯定逃不过枪毙。从这个意义上说，那一场不治之病帮了他大忙。

我爷去世后，大伯父接替我爷做了当家老爷。听说土改，大伯父、父亲和小叔都跑了，母亲也抱着我姐跑了，全家就剩我奶和伯母没跑。南窑和北窑之间的大片良田，已经成为大苇园王姓的重大罪状，好在大苇园在村子里名声不臭，在长工心里是个仁善之家，农会带着"红缨枪们"来抄家时，大苇园只是被没收了全部家产。"红缨枪们"没有严惩我奶，但把大伯母打得几个月下不来炕。

母亲不止一次对我说，"斗争"那年，我大伯母的后背被打成了紫茄子色。母亲总是把土改说成"斗争"，而且从来不说咱家什么成分，只说咱家是被斗户。

二伯父是大伯父的亲弟，因为自小丧母，出生不久就过继给我爷的一个叔父。二伯父管我爷的叔父叫"爷"而不是"爹"，这叫孙子给爷爷续香火。二伯父在他的爷家是独苗，没人跟他争家产，"斗争"那年，他爷已经不在了，全部家当都落在他名下，二伯父直接就被划了个富农。

我爷的四个儿子，后来就数过继出去的二伯父过得最穷，也数父亲和母亲对他最好。我见到二伯父的时候，他房无一间，地无一垄，妻子带儿女改嫁了，他是个地道的光棍儿。二伯父的个子又瘦又高，因此得了个外号：大个子。记得母亲当面叫他二哥，背后却叫他大个子，或者西山大个子。冬天下大雪，母亲就说，大个子会不会冻死啊？然后，马上就打发大弟带着吃的上山探看，或领他来家里喝口热汤。

二伯父喜欢到我家吃饭，而不去大伯父家坐，每次看到他走到院子里，母亲就说，西山大个子来了，晌饭马上就带他一份儿。二伯父寡言少语，喜欢抽烟，菜叶子都能当烟抽。他也喜欢喝酒，那是年轻时练的，后来只能偶尔在我家喝上一盅两盅。

他一直住在西山，生产队叫他看庄稼，就在西山搭了一间窝棚。上西山剜菜时，我去他的窝棚玩过，下半截是石头墙，上半截盖着玉米秸。他去世时也是孤零零一个人死在西山窝棚里，很久了才被发现。

回头再说窑事吧。土改以后，大荒地改叫黄土岭，北窑在黄土岭北边田屯境内，田屯和黄土岭各是一个生产大队，比生产小队大一级，比公社小一级。"文革"后期，公社成立了社办工厂，最早的社办工厂一个是机械厂，一个是缸瓦厂，缸瓦厂就是当年的北窑。我们生产小队的一位政治队长后来升了官，就是在缸瓦厂当厂长。厂子主要出产砖瓦和陶泥质地的器皿，十里八村的酸菜缸、洗菜盆，全都是它的产品。

南窑当年也有类似的产品，由我那个太爷主管经营。因为他不得善终，南窑随即变成了一座废墟。20世纪60年代，我和小伙伴们去南窑玩的时候，它就剩下一个窑的外壳，上面露着天，下面是一个大坑，夏天有水，冬天结冰，窑内长满了野草，梯形的壁墙上还残留着一圈儿可以走人的通道。看过电影《地道战》之后，我们这些小孩子经常学游击队的样子，让一个人扮鬼子，大家一起朝他打枪。

彼时，我家在道东生产小队（道东也就是河东）。南洼在道东，南洼就属于道东队。南洼仍然那么肥沃，许多人家在这里都有自留地，垄多垄少主要看家里有几口人，只要是好地一定要人人有份儿，否则就摆不平。我家人口少，在南洼只能种五垄地，但是，我和别的孩子一样可以享受种地或秋收的热闹，因为每逢这个时节，南洼就会聚集几乎全生产队的男女老少，而且我家那几垄地距南窑很近，趁着大人不注意，我们小孩子一溜烟就跑到南窑去玩打鬼子游戏了。

也许南窑占地太大，留着也没用，包产到户以后，不知被谁给铲平了，铲得一点儿痕迹都没有了。北窑的烟火一直烧到20世纪90年代，原因是社办工厂被个人买断，人家只要地盘，不要这个老掉牙的传统企业，北窑很快就和大荒地这个地名一样，变成一段不为几人所知的如烟往事。

不论叫大荒地，还是叫黄土岭，两个名字都很一般，后者比前者看上去文了一些，但也只能说明土地不如先前那么肥沃了。这是时间和人口一起造成的退化和贫瘠。我经常回头去想，我的先祖当年迁来迁去，目的是找对地方，在这里建一个幸福而且富裕的家园，可是直到现在，公社即使改叫了乡，生产大队即使改叫了村，我的所谓的老家，还是大连市一直挂名的贫困乡和贫困村。如果最后一次迁居决定留在大荒地的先祖天上有知，一定会

这是我找企业捐建的黄土岭村委会

为他当年这个错误的决定汗颜吧。

父　母

我的父亲和母亲都出生于1926年，那一年出生的男人女人属相是虎。很早就听母亲说，她嫁给父亲完全是由我爷和我姥爷包办的。

我姥爷是个皮匠，高高的个子，长长的腿，蓄一副山羊胡子，穿一身黑家织布衣裤，戴一顶黄毡帽，走南闯北，说话做事都是一股江湖气。那时候，东北荒凉，东北野兽也多，东北的男人女人在冬天里都穿得像夹皮沟里的常猎户和小常宝。所以，我姥爷的皮匠生意一直不错，出去转一圈儿，就能收回不少皮子。

　　我姥爷和我姥生了七个闺女、两个儿子，我母亲排行老大。她说，小时候家里有好几口泡皮子的大笨缸，整得到处都是火碱味儿，到处都晾着刚刚熟好的皮子。我姥爷不抽烟，却爱喝酒，酒足饭饱之后，手里握着一把刮皮刀，经常咯吱咯吱刮到下半夜。一批皮子熟好了，我姥爷就要出去转一圈儿，给客户送皮子，赚到了钱，再去收新的皮子。

　　母亲说，我姥爷通过收皮子认识了我爷，不只因为我爷是大客户，还在于这两个萍水相逢的男人说话投机、肝胆相照，彼此又喜欢交往而有了交情，最后交到了称兄道弟的份儿。两家相距十八里地，以后我姥爷即使不收皮子、不送皮子，只要路过大苇园王家，也一定进门坐下，陪我爷喝几盅小酒。我姥爷没有阶级和贫富的概念，他在长年的南跑北奔中认了个理，好闺女一定要嫁到书香门第、大户人家。于是，在我母亲八岁那年，他和我爷一边喝酒，一边给同庚的小儿女定了终身。

　　母亲长到十八岁越发漂亮，瓜子脸，大眼睛，樱桃小嘴，杨柳细腰，标准的古典美人。那年春天，她和邻家小伙伴莲英到镇上买绣花线，两个姑娘在镇街口碰见了日本宪兵，那个日本宪兵表面上看不像电影里描写得那么凶狠，他只是眼珠子一转，把我母亲盯上了。第二天，一个伪警察跑来告诉我姥爷，日本宪兵限他三天之内把花姑娘送到镇上。尽管母亲压根儿就不想嫁给从未见过面的那个男人，但大事临头，被逼无奈，也只好听从我姥爷的摆布。我姥爷毕竟见过世面，他连夜雇了一顶花轿，不吹不打，连嫁衣都是借的，就把母亲在一个大月黑头子抬进了十八里外的洞房。这事听起来像谁胡乱编的一个瞎话，却是千真万确的事实。我的母亲当年就有那么漂亮，就有那么出众，只差一点儿就让日本宪兵给抢走了，应该说，危急时刻还是我爹拯救了她。

在那个夜晚，母亲一定是领父亲的情了，婚后的日子一定也过得非常甜美。可是后来发生的事情，却让母亲由爱生恨。"你爹一辈子都是个自私的人"——这是母亲说得最多、最狠的一句话，追根溯源，跟土改有关。"斗争"那年，我家因为是大户，自然就成了被斗户。前一天晚上，听说第二天就要来斗争我家，父亲竟然扔下母亲和两岁的女儿不管，跟着伯父和小叔逃跑了。那时候我爷已经病故，屋子里只剩下女人和孩子哇哇直哭，关键是我姐只有两岁，我母亲正怀着八个月的身孕，我父亲却在这个时候没良心地逃跑了。

那天夜里，孤独而恐惧的母亲居然梦见了我爷，我爷什么也没说，只往她脖子上挂了一串蒜。母亲惊醒之后，认为我爷一直偏向她这个儿媳，这是托梦叫她快跑呀——蒜，不就是"散"吗？母亲立刻掌灯起身，把我爷给她婚后赶做的二十三件从没上过身的旗袍装在一个大包裹里，藏在西厢房的碾盘底下。因为逃跑不敢戴首饰，她又把金银首饰都摘下来，装入一双黑皮鞋的鞋壳里，再用纸把皮鞋糊在炕脚用来搁置火油灯的墙洞里，然后趁着天还没亮，挺着大肚子，抱起尚在熟睡的女儿，就往北大壕的野地里跑去。

母亲说，"斗争"那年冬天的雪有三四尺厚，每走一步，雪都是齐腰深。出逃的路上，还遇到一支红缨枪队，母亲就抱着我姐趴在雪窝儿里猫着。最后，母女俩好不容易逃到北山下的村子，正巧遇到一个乔姓男人出来捡粪，我母亲仓皇的脸色，让他一眼就看明白了原委，他非但没有躲闪，反而叫母亲跟他到家里去。就这样，母亲带着我姐在乔家住了七天，白天有人来了，乔家人就让母亲抱着我姐藏到屋内的地瓜窖子里。这个名叫乔树恩的男人，让母亲感激了一辈子，两家后来始终当亲戚走动。如今，母亲虽然不在了，逢年过节，红白大事，我们姐弟还是一如既往地去乔家串门。

那一次的逃难，终点是我姥爷家。母亲一回到娘家就倒下了，肚子里的二姐也因早产而亡。当母亲后来拖着我姐回到自己家中时，家里的东西已经被分光、拿光，她最惦记的藏在碾盘底下的二十三件旗袍，还有糊在墙洞里的首饰和皮鞋，它们跟谷囤、车马、家具一样，也不见了踪影。母亲没见过来家里"斗争"的人，她恨只恨我那年轻的父亲，在紧要关头不管她、扔了她，日后的几十年，这件事就成了她埋怨父亲的话把儿，每提起来就会瞪着眼睛对父亲说，你说我这辈子要你这样的男人有什么用？

"斗争"过后，家里男人女人都出去要饭。父亲受不了别人的眼色，他是一个面子矮而且胆子小的男人，内心比女人还要脆弱。听说辽沈战役要开打了，复县独立团来乡下征兵，而且不论成分，谁去都行，他就背着母亲报上了名。第二天，新兵就要上县里集中，父亲在头天晚上睡觉前才小小心心地告诉母亲，可以想见母亲听后是什么心情。母亲始终没对我讲分别的那一夜他们是怎么亲密的，只说，看他睡着了，我下地烧了一壶水，想往他腿上浇，叫他天亮了走不成，可就是狠不下心来，试了几次都下不了手，天亮之后，我反倒拿这壶水给他煮了几个路上吃的鸡蛋，你说我贱不贱？

父亲临走的时候，母亲再生气也忍着送他到院墙外的枣树下。树上正好有个喜鹊在叫，父亲的脆弱劲儿马上显出来了，他抬头望了望喜鹊说，以后听见它叫了，不是我人回来了，就是我的信到了。父亲小时候念过私塾，字也写得好，血液里还有一点儿文人气质。母亲说，什么叫不叫的，我正后悔没把那壶热水浇到你腿上呢。美丽的母亲，根本就没解这个风情。过了几天，有人把父亲换下的黑棉袍捎回来了，母亲看着就气，竟用剪子把它铰碎了，眼不见为净。

父亲一走，母亲就开始学着抽烟。那是1948年春天，母亲还年轻，刚刚二十二岁，因为怨恨，因为孤独，也因为想念，她学会了抽烟。开始只是晚上抽，她不想让伯父和小叔看见，抽得时间长了，她也就不在乎了，堂而皇之地拿到桌面上抽。伯父和小叔当然明白她为什么抽烟，也没有人敢说她闲话。母亲却说，他们那个嘴不是不想说，他们是怕我就劲儿带你姐跑回你姥家，怕你爹回来跟他们要老婆。

母亲开始抽的是长杆烟袋，后来抽的是手卷的旱烟，再后来抽的是盒装的纸烟。我至今仍记得母亲抽长杆烟袋的模样。那是冬天的印象，我家的炕上总有两样东西，一个是铜制的火盆，一个是木刻的烟笸箩。火盆在冬天里除了用来烤手取暖，还可以用来点烟。母亲的烟袋锅是铜的，烟袋嘴是玉的，烟袋杆是黑色带暗花纹的乌木。听母亲说，这个长杆烟袋是她的小姑送给她的礼物。

当年，我姥爷不但把自己的闺女嫁给了大户，还把他的小妹嫁给了大户，只是小妹给人家做的是偏房。"斗争"的时候，母亲这个小姑家当家的被打死了，正房也跟着上吊了，她这个偏房不但当时没挨打，后来也没挨饿，因为她提早在外面给自己藏了些私房。母亲这根长杆烟袋，就是小姑私房里的东西，看样子就很珍贵。母亲自学会抽烟，这根长杆烟袋就不离手，去别人家串门也带在身上，冬天装在袖口里，夏天则像根拐棍似的拎着，烟袋就像她身体的一部分。

母亲一生有两大嗜好，一个是爱抽烟，一个是爱穿戴。母亲自知比别人美貌，对穿戴就格外在乎。"斗争"之后的许多年，母亲始终放不下她那二十三件失踪的旗袍。母亲说，那是新锃锃的二十三件旗袍啊，钩着云子边的大盘扣的二十三件旗袍啊。在村子里，母亲总在盯着贫农家的老婆，看谁把她的旗袍穿出来。那是阶级斗争的年月，母亲即使看到了，也不敢说，只能在家生闷气。

我读小学三年级的时候，有一天放学回家，我跟母亲说，班里谁谁穿了条丝绸布的花裙子真好看，给我也做一条嘛。母亲立刻瞪大眼睛，叫我带她去学校找那个女生，我以为是要照样给我做裙子呢，结果却是一场空欢喜。母亲往那个女生身上只瞄了一眼，就厉声地对她说，回家问你妈，这裙子是不是拿我旗袍改的？！

记得翌年夏天就是"文革"，所幸那个女生跟我一样小，对过去的恩怨不明就里，回家肯定也没去问她妈，否则后果真的难以想象，用那时的语言定罪，母亲这是在"翻变天账"啊！

但是，关于二十三件旗袍的丢失，母亲一直唠叨到她去世之前。在她早早准备的寿衣里，有一件就是她亲手给自己做的锦缎旗袍，而且故意剪裁得非常宽松，就是为了让我们给她穿在最外面，她说要穿着心爱的旗袍去天堂。

母亲与父亲一生中只有一张合影。记得，乡下老家墙上的旧相框里镶嵌了许多发黄的老照片，有我姥爷和我姥的，有我三姨和四姨的，还有我大舅、二舅和舅妈们的，就是没有我爷我奶家这边的。我问母亲为什么，她说，照片有不少，可是成分不好不敢上墙呗。正因如此，很小的时候，我只能看见父母这张光面的黑白照片。照片上的一男一女都穿着志愿军时代的夏天装，头上是坚硬的大檐帽，军单衣的左胸前，戴着一块白色的志愿军军徽。这张照片对这个家族的历史是一种粉饰，对父母自己的小家是一种成分修正，尽管"文革"中我仍然当不上红小兵，但我填表的时候写的是"上中农"，而不是"地主""富农"。母亲说，我家比我伯父和小叔家成分低，多亏你爹穿了这身军装。

1951年初秋，我的父母

我注意到，父亲脚上穿的是军人胶鞋，母亲脚上却是一双家做的黑布鞋。父亲的左手腕上还戴了一块不知什么牌子的手表，为了让那手表露出来，他把紧袖军衣的袖口特意挽了一下。父亲本不是虚荣的人，但他那天确实把袖子挽了那么一下。父亲是中等个子，母亲在女人中属于高个儿，父亲挺直了腰杆儿，才与母亲一般高。父亲平时是爱笑的，那天却莫名其妙地严肃了起来，也可能是怕母亲抢了自己的风头。

母亲原本就是美人，穿上了军装，更是美丽可人：从大檐帽里垂落下齐肩的黑发，大眼睛欲说还休地含蓄着，一张古典美人的小嘴，把胸还微微地收敛了那么一下。她似乎看出了父亲的紧张，故意藏起自己，以让旁边那个男人阳刚一些。

乍看母亲和父亲的装扮，不知内情的还以为这是一对军旅夫妻，父亲大概是个乡下来的土小子，母亲则像个背叛地主或资本家家庭投奔革命队伍的女青年。其实，他们两个都是乡下佬，只是母亲生就一副城里也少见的清秀面孔。

在这张照片上还可以看出一个细节，他们的军装明显是刚刚洗过晒干的，裤线压得刀削一般直，这使他们多了些威武之气。另外，两个人脚前还摆了一个不知是真是假的花盆，身后影影绰绰地有一片不知是室内还是室外的景物，这些布景与两个主角的着装和表情显得极其冲突。但是，快门就在那个时候按下了。

母亲说，在去照相馆之前，她和父亲曾经抱头痛哭了一场，两个人都以为这便是生离死别了，说不定再也见不到了。因为那是在距家几百里远的通化，父亲马上就要雄赳赳、气昂昂地跨过鸭绿江了。然而，命运眷顾了美丽的母亲，几年后父亲居然不少胳膊、不少腿地从朝鲜战场回来了，而且是留在县城当干部，母亲的心当然是一块石头落了地。

从此以后，母亲和父亲就过上了城乡两地分居的和平日子。奇怪的是，在那么漫长的和平年代里，他们却再也没想过去照相馆合个影，而这也成了让母亲后悔不及的伤痛。

1979年夏天，父亲在工作岗位上突患脑溢血，抢救了半个月也没抢救回来，这个五十三岁的男人竟然扔下了妻子儿女撒手而去。后来，一家人在翻看父亲的遗照时，母亲突然长叹了一声：唉，我和他一辈子就合照了一张相，那些年都想什么去了！

父亲去世以后，这张合照就被母亲随身带着。不论住在乡下弟弟家里，或是住在城市我的家中，她经常是一个人拿出照片，远远近近地端量那上面的两个人，仿佛从来不认识似的，又仿佛突然想起了什么似的。我知道，母亲也只有通过这张照片去回忆这个男人曾经给过的温暖了。男人的手，男人的肩膀，还有男人那双深褐色的多情的小眼睛，曾给过她多少难忘的感觉啊。

1996年夏天，为了一个写作计划，我买了一张去通化的火车票。去通化是为了去集安看高句丽古墓群。临行前，我想起母亲和父亲当年在通化的那张合照，就打了个电话给母亲，让母亲说说照片的故事，去通化我也许可以找到当年那家照相馆，还可以把那个照相馆照下来拿给母亲看看。因为从父亲参加辽沈战役成为军人，乃至以后又成为地方上的一个小干部，他和母亲竟然再也没有那么漫长的厮守。听母亲说，那次在通化，她一共待了二十五天，而那一年，父亲和母亲都正好是二十五岁。

那天的电话里，七十岁的母亲像一个初嫁的新娘，一会儿羞羞答答，一会儿哀哀怨怨，像说古书，又像唱旧戏，一句三叹地不断给我爆料。我才知道，在母亲的心里，她与父亲的这张合影照片背后居然隐藏了那么美丽哀伤的故事。

时间是1950年农历七月的一天。天空阴着，母亲端着盆子去了河边，已将要洗的衣裳浸进河里，忽见枣房村赵大木匠一边扛着家什过河，一边大声对母亲说，他要去通化看儿子，侄媳妇也去，听说他们要过江打仗了。母亲知道，赵大木匠的儿子和堂弟一起当的兵，而且在一个部队，就马上说，等等我哈，我跟你们一起去。母亲从河里捞起了湿衣裳，就急急忙忙地回家收拾。

母亲问我奶借路费。我奶说，跟我借钱，得你哥同意。母亲便去求伯父，总算借到了四十元。母亲说，这些钱只够坐车住店。我奶说，能借给你就不错了。母亲没工夫说话，着急忙慌地穿了镶靠色边的青土布大衫、青土布裤，袜子也没来得及穿，光着脚、提着鞋就去追赵大木匠。我姐小管儿刚满五岁，母亲走出去很远，还能听见她趴在后园的墙头上哭。母亲头也不回，只当听不见。走出不多远，雨就下起来了，遍地是白，河水也涨了。母亲一口气跑了十八里地，终于追上赵大木匠和他的侄媳妇。这时候，一行人正好路过我姥家门口，母亲没时间进屋，就站在院外喊，妈，我去通化啦！也不管屋里人听没听见，又钻进雨中赶路了。

这三个去看儿子、看丈夫的人，一直在大雨中跑着，过河时扯着手，水是齐腰深的。好不容易跑到许家屯站，赶上了从大连开往沈阳的那趟火车，票还是上车以后补的。晚上到了沈阳，已经没有去通化的火车了，他们只好找一个店住下。母亲说，那是一铺泥炕，炕席破得连不成片，炕上只有一床露棉花胎的旧被子、三个几乎看不出颜色的白枕头。刚躺下三个人谁都不盖被子，天亮了一看，三个人合盖了一床被子。母亲说，侄媳妇和叔公公盖一床被子，还加上我这个外人，真是臊死人了。这件事，母亲从未对任何人讲过，包括父亲。

早晨起来，三个人便坐上了去通化的火车。赵大木匠照着儿子写的地址，一直把她们带到一条江边。后来知道，那是浑江。一位老者摇来一铺炕大的木板子，有边没沿，载着三个人过江。没想到刚上岸，母亲就遇见了父亲，他正要和一个士兵进城买东西。母亲呆呆地看着他，父亲第一句话却说，你来干啥？母亲听了，气得扭头就要走。父亲第二句话又说，小管儿怎么没领？母亲说，没顾上！父亲说，我不信，她肯定死了。母亲立刻封住父亲的嘴。

父亲的军营就在浑江岸边，他把母亲安置在一间锅炉房里住。部队不知什么时候就要赴朝，父亲是五班长，他得与战士住在一起，只能偶尔来和母亲相聚。去探亲的家属毕竟少，父亲怕那些官和兵看见母亲而想家，就让她天天待在那个不开火的破锅炉房里，她也就不知道赵大木匠和他侄媳妇住在哪里。父亲不在的时候，锅炉房里来过一个六班长，他是庄河人，大高个子，媳妇没来看他，父亲让他来和母亲聊天。父亲照相时戴的手表，就是借六班长的，母亲穿的那身军装，也是借六班长的。母亲说，六班长没你爹有福，那么好的一个人，后来死在朝鲜了。母亲居然没问过他叫什么名字，只是跟着父亲喊他六班长。

分别的日子到了，部队马上要过鸭绿江。母亲说，咱去照张相吧。父亲却又想起了小管儿，任母亲怎么说，父亲一直不相信小管儿活着。母亲说，"斗争"之后，家里连根烧火棍都没了，各家也只好分开单过，母亲和我姐分到一间厢房两个碗，碗里只有几颗枣子。母亲是军属，有人给她出主意，带我姐去李官村要军属救济粮。那是三十多里的山路，我姐实在走不动，母亲就踩她脚后跟，使劲踩一下，她就能疼得往前走几步，母亲一路就这么踩着我姐的脚后跟，走到了李官村张财粮面前。母亲不好意思张口，提前在门外教我姐去跟他说，于是我姐就学母亲的话，边哭边说，说得那个张财粮也直掉眼泪，马上给了一袋米、一袋面，还给找了头驴驮回家……

父亲听得也心酸无比，说，要是小管儿真的活着，你回去就寄张照片给我，而且要写上日期。说完，他与母亲抱头大哭起来，然后就去照了那张今生今世唯一的合影。

母亲与父亲分别时，赵大木匠他们早已走了，母亲一个人坐上了火车。车走到梅河口，她看见我那也当志愿军的大舅站在站台上。再一看，我大舅是来送我姥爷、我姥和我小姨的，原来他们也到部队来探亲了，几个人竟然不约而同地在一列火车上相遇！于是，大家一路上都在哭，哭得不能说话，哭得在车上一天一夜不吃不睡。

回到家里，母亲第一件事就是给我姐照相。手头仍是没有钱，母亲又不想跟我奶借，就卖给小姑一条蓝土布裤衩，然后带上我姐去了熊岳城。在照相馆里照完了相，还剩了点儿钱，母亲便给我姐买了一只大螃蟹吃。其实，一条蓝土布裤衩能值什么钱，不过是小姑手里有体己，故意给她侄女留个面子。

母亲说，虽然父亲早已经到了朝鲜，那张照片后来还是辗转寄到他手中了。不过战争结束，父亲解甲归来，母亲却从未见过那张照片，也没跟父亲提过那张照片，或许它已经在战火里遗失了。重要的是，我姐小管儿活着，上了前线的父亲也活着。母亲说，你爹能活着从朝鲜回来，就是小管儿的那张照片给了他力量，要知道，你爹他守过上甘岭啊！

记得那天，我在电话里学母亲当年的口气喊，妈，我去通化啦！母亲说，去就去呗，这也不是当年的气候！我说，你还记得是哪家照相馆吗？母亲想了半天，也想不起那家照相馆的名字，只说在江边上，屋子不大，照相的是个老师傅。于是，我一到通化，就沿着浑江边找照相馆。通化已是今天的通化了，是山城，也是江城，江两岸布满了现代化的高楼大厦。我在街上找了几位老者，向他们打听1950年浑江岸边的那家照相馆。

我的造访，让通化街上的老人们眯起了眼睛，陷入对陈年往事的回忆。最后，听一位卖咸鸭蛋的老者说，当时江边是有一家公私合营的照相馆，照相师傅的外号叫冯三斜，可是现在老房子都拆了，人也早没了。尽管我对此早有预料，可我还是希望出乎意料，至少那个照相馆还在，也好让我的通化之行有个抓手。但是，什么都没有了，我只能对着空旷的通化代表健在的母亲表示一种亲切了。

我姐出生于1945年，我出生于1955年，这中间的大片空白，都是因为父亲一直在外当兵。抗美援朝战争结束之后，父亲解甲却没有归田，而是留在县城当狱警，所以在这个家里，父亲是一个象征、一个符号，每月来家送一次饷钱，干一天活儿，然后就精疲力尽地走了。

父亲所在的单位，后来的全称叫辽宁省劳改总队瓦房店支队。瓦房店当年是复县县城，距我家有七十二里地，虽有一条大官道通着，却是丘陵起伏，几乎全是坡路。父亲每次回家的交通工具只是一辆破旧的自行车，月末的星期六晚上，父亲下了班就骑着车往家赶，赶回家的时候已经快半夜了，所以他总得叫门。我们早就睡着了，只有母亲在等着父亲敲窗户。第二天早上，看见饭桌上有白馒头，我们就知道父亲昨晚回来了，立刻欢呼着扑向桌子，抢白馒头吃。因为父亲一大早就起来干母亲留给他的活儿，直到桌上的饭摆好了，母亲到院子里叫父亲回家，我们才看见这个大汗淋漓的男人。

父亲个子不高，皮肤白净，厚嘴唇，小眼睛，额头很光亮。他平素总是紧抿着嘴唇，很少说话，一副严肃的样子。这可能跟他所从事的工作有关，他整天和犯人打交道，必须板着面孔，于是就有了总是紧抿嘴唇的习惯。其实，父亲是一个面硬心软的男人，神情忧郁，少言寡语，多愁善感，特别爱流眼泪，一听人唱《国际歌》，一看见升五星红旗，他就会双眼含泪。母亲说，你们姐弟四个，就属你能写、爱哭，最像你爹。

第一次看见父亲流泪，是在我姐出嫁那天。母亲里里外外地招呼着人，招呼着车，父亲却只管抱着小弟在街上东走西走。送亲马车要离开院子的时候，母亲到处找父亲，却不见他人影。母亲就叫我出去找，我跑到了九道河边，看见父亲一个人抱着小弟，正躲在大柳树后面流眼泪。与父亲相反，母亲是一个绝不轻易流泪的女人。母亲讥笑父亲说，一个大老爷们儿动不动就淌眼泪，真没出息！母亲嘴巴厉害，父亲知道说不过她，也就从不反驳，一切都依着母亲，所以在我的记忆里，父亲跟母亲从未红过脸，也没打过架，都是母亲一个人对他吵吵巴火的。

母亲嘴上说父亲不好，可我能看得出来，每当父亲回家，家里的气氛就比平时快乐几百倍。母亲平常日子过得十分节省，好东西不是留着客人来了吃，就是留着父亲回来了吃。我们都盼着父亲回家的日子，父亲回家的日子就是家里改善生活的日子。父亲回家的晚上，母亲比过去更早地让我们上炕睡觉，她好和父亲钻进一个被窝儿里亲热，这也是母亲难得露出温存的夜晚。

父亲虽在城里工作，却从不舍得吃好东西，他把细粮票全都攒着，为的是回家送饷钱的时候给我们买馒头。父亲的自行车上总是挂着一只黑色的皮革手提包，每次回家，手提包都撑得鼓鼓的，里头装的全是白面馒头。为此，父亲那只黑色的手提包在我们眼里就是瞎话里的金盆，要什么有什么。

年龄稍长，我发现了一个秘密，父亲每次离家回城的时候，挂在自行车把手上的那只黑色手提包却是空的、瘪的。我突然间觉得，父亲是一个可怜的男人，他的心那么细，母亲的心却那么粗，每次离家的时候，他会不会因为母亲对他的忽略而暗自流泪呢？虽然我没有亲眼看见父亲流泪，却对母亲的粗心大意十分不解。我不明白，家里有现成的地瓜、苹果、花生、大枣，尤其是地瓜，父亲最爱吃这一口，母亲为什么就想不到给父亲装点儿带走呢？为什么就能眼看着父亲空手而回呢？我不敢对母亲发脾气，只有替母亲弥补这个欠缺，家里有什么，我就给父亲装什么，每次一定要把他的手提包像装馒头那样装满。倒是我在给父亲装这些东西的时候，我看见他的眼睛湿润了。

那是1979年夏天的一个早上，我突然接到大弟的电话，说父亲得了脑溢血，正在县医院抢救，让我马上回去，晚了就看不到了。对我而言，这是一个晴天霹雳，因为那天早上，是我留校后第一天上班。

在县医院，我看到了父亲，他还没有走远，但他再也没有醒过来。我给父亲写的住院日记只写了十四天，最后一天的傍晚，我眼睁睁地看着父亲眼角流出一滴泪，然后就永远地走了。

记得我给父亲戴了一百天黑纱，因为我一直不能接受父亲离去的事实。直到父亲去世十周年，我总算写出一篇缅怀他的文字，题目就是《父亲》。

丫　头

1955年是中国出生率最高的年份之一，我和无数的男孩女孩像践行一个前世之约，争先恐后地选择在这一年来到今世之上。

那是春天的一个傍晚，母亲像老抱子抱窝，早早就收拾好了里屋，烧好了炕，卷起了炕席，铺平金黄暄软的谷草，静静地等待着。母亲感觉这次应该是个儿子，最近的这几天，母亲脸上闪耀着从未有过的幸福光芒，身子虽已相当笨重，走路却轻飘飘的。

我家与小叔家合住祖上留下的五间青砖平房，母亲住西屋两间，小叔住东屋两间，当中一间是两家出出进进的灶屋地。家里祖辈只有我奶，住在小叔的里屋，母亲交养老钱。20世纪五六十年代，每年交十元，70年代以后，每年交二十元。除夕那天，母亲肯定把下一年的钱如数交给我小婶，而不是我奶。母亲不怕我奶生气，只怕小婶不认账，母亲每次交钱的时候，一定还叫上东院的大伯母在场。

怀我的那些日子，母亲轻飘飘的姿态是做给我奶和小婶看的。父亲当兵以后，母亲等于是守了七八年的寡。其间，母亲曾得了一场大病，眼看就要往地下抬了，她迷迷糊糊地听见我奶和小婶在灶屋地说话。小婶怪声怪气地说，妈呀，听说没有后的人，死了要就地搁。我奶附和着说，可不是呢，人不能没有后呀。后，指的是儿子，母亲只有我姐一个丫头，丫头不算后。正是小婶和我奶的这句对话，激怒了垂危中的母亲，让她在死亡的边缘上又挣扎回来。

板门店谈判之后，父亲终于转业回家，母亲也因此怀上了我。她像盼父亲一样，盼我是个带把儿的儿子，好让自己在小婶和我奶面前扬眉吐气。正因为母亲的这个心病，我的性别就变得头等重要，只要我是儿子，母亲就再也不受她们的窝囊气和羞辱了。

那天将近傍晚的时候，母亲"觉景儿"了。这是乡下土话，用城里话说，就是感觉要临盆了。母亲马上让我姐去西染坊找来老娘婆，她是专门给人添孩子的。在我家的村子，管生孩子叫添孩子，管添孩子的人叫老娘婆。母亲说，我和我姐都是这个老娘婆给添的。

我姐出生于1945年，她三岁那年父亲就当兵走了。于是，男人在外当兵，女人在家支灶门，就是母亲年轻时过的日子。我奶和小婶从来不叫母亲名字，而叫西屋家的，母亲管我奶叫妈，管小婶就叫东屋家的。西屋家的因为没有男人支撑，连东屋家小婶的儿子也敢欺负我姐，而他比我姐小了三岁半。惹不起还躲不起吗？可我姐就是想躲都躲不过去，她头上的两处伤疤，一个是被他用扁担钩抡的，一个是被他用石头打的。

两次挨打，我姐都不敢对母亲说，怕再挨母亲打。然而，什么事能逃过母亲的眼睛？她原本是个厉害的女人，就因为男人不在而要受东屋家的气，这让她如何承受？所以，每次只要我姐哭着回到西屋，母亲就关上门打我姐。她的手掌宽大，打人特狠，一抡起来，我姐就吓得直眨巴眼睛，以至于落下一个病根，看人总是一副受惊的样子。母亲则每次打完了我姐就自己跑到西里屋，压低了声音痛哭一场。就是说，没有儿子的压力不光是小婶和我奶给她的，也是因为我姐居然打不过东屋家那个比她小的男孩。

我姐去西染坊把老娘婆请来了。西染坊坊主也是王姓本家，男人染布，女人当帮手，业余时间兼当老娘婆。见母亲已经烧好了水，老娘婆便把剪子拿在火上燎了一下。因为在我和我姐之间有个早产而亡的二丫头，母亲的骨盆开得就很快。等我落地了，老娘婆叹口气对母亲说，唉，又添个丫头。母亲一听，顿时就昏了过去。

然而，我的哭声引来了东屋家的小婶，她挑开西屋的门帘子，问，添了？老娘婆说，添了。小婶问，添个什么？老娘婆说，丫头。小婶立刻放下门帘子，不顾月黑，急忙就往街上去了。

母亲那天只昏迷了一会儿，很快就清醒过来。她听见了小婶的话，也听见了小婶急忙走出去的脚步声。小婶个子矮，腿短，还有点儿罗圈儿，走路却风快，传话也风快，在村子里有两个外号，一个是"轻腔子"，一个是"瞎话老婆"。那天傍晚，母亲清醒过来就想，你个"轻腔子""瞎话老婆"，又要出去讲我了，唉，这个强我是要不出去了！母亲躺在炕上暗自流出了眼泪。

生丫头也得看欢喜，这是乡下的规矩，也是一种仪式，即亲戚们要带着礼物来向产妇和婴儿贺喜。"欢喜"，在现代汉语里叫形容词活用作名词，虽是土话，却很有文化感。看欢喜的日子，一般定在婴儿出生后第三天或第九天。由于还是生的丫头，娘家亲戚只有四姨来了，四姨与母亲同仇敌忾，来了也看都不看一眼，只管陪着母亲抹眼泪。

这就是我出生的故事，居然让母亲如此绝望，居然让亲属如此不待见，彻头彻尾的一个小倒霉蛋。在以后的日子，更是说不出的尴尬，我地地道道地就是一个多余的小丫头，一个被严重忽略的小丫头。记得，我曾让母亲说说两岁之前的我是什么样子，因为两岁之后母亲就生了大弟。母亲真是个天生的小说家，她随便挑出两个细节，就把一个小丫头孤独而寂寞的童年勾勒得栩栩如生。

母亲说，她有个睡午觉的习惯，但是怕我掉下炕摔着，干脆就在睡前把西屋的门关了，把我放在地上随便爬去吧。可是，母亲每次午睡醒来，西屋的门都是开的，去灶屋地一看，我正坐在洗菜的陶盆里，母亲忘了倒掉的洗菜水成了我的洗澡水，陶盆成了我的澡盆。当然，我会挨她训斥，甚至挨她的巴掌，不会说话的我，只能以哭示疼，下次还是照常。

素素

棒棰岛 ●

『金苹果』文艺丛书

　　由于我屡教不改，逼得母亲只好从自己做起，每天午睡前记得要倒净了洗菜水。可是我已经相当有经验了，见自家洗菜盆空了，就去坐小婶的洗菜盆，不但洗了小身子，还洗了小脑瓜，洗完了还把盆子掀翻了。这是一个很有镜头感的细节，一个百无聊赖的小丫头，用恶作剧的方式洗澡戏水，既能以此打发时光，也想以此引起大人的关注。

　　果然，母亲被小婶的尖叫声给吵醒，她本来想打我，却嫌小婶的嗓门儿太高，两个女人就对吵起来。

　　另一个细节更有镜头感。1957年夏天，母亲终于扬眉吐气地生了一个儿子。大弟刚出生不久，母亲要搂着大弟午睡，不准我在炕上捣乱。这一次，我不敢再玩洗澡的游戏，但我也想像母亲和大弟那样睡觉。因为母亲把我关在西屋门外，我又无处可去，情急之下看见了灶台上那口大铁锅，先是用尽力气爬到灶台上，再小心翼翼地爬进大铁锅里。母亲把做饭炖菜的大铁锅刷得干干净净，我舒舒服服地躺在了里面，一会儿就睡着了。与在洗菜的陶盆里洗澡一样，这次也是被母亲抓住，也是挨训挨打，可是母亲不能不睡午觉，只要她搂着大弟在炕上睡着了，我也一定爬到大锅里睡着了。

　　几次三番之后，母亲想出了一计。那天，看我又睡在大铁锅里，母亲就准备了一碗家制的大酱，去院子里抱来柴火，然后把大铁锅烧热。不一会儿，我就被烫醒了，屁股和后背顿时烫起了一片大水泡。母亲赶紧把大酱糊在水泡上，用土法给我疗伤。母亲说，她一边糊大酱，一边指着大铁锅问我，以后还敢不敢在这里睡觉了？

就因为我是丫头，母亲说她几乎没有抱我的习惯，即使在我有记忆之后，我也不记得母亲身上的味道、母亲胸前的柔软。

乡下有个定娃娃亲的习俗，也就是这家大人与那家大人酒桌上杯一碰，就做了儿女亲家。那被家长给强行配了对的儿女，或者是两三岁，或者是七八岁，有的甚至是指腹为婚。这个习俗，也许来自民间旧有的乡风民约，也许是人们在《梁祝》之类的戏文里看到了美好，总之乡下人一直以自家孩子能定上娃娃亲自豪。

我父母八岁就定了娃娃亲，始作俑者是我爷和我姥爷，我和小五子定亲时才三岁，比他们还娃娃。我敢肯定，我的记忆是从一次坐席开始的，虽然听不懂大人说话，但我认定自己是从那一天开始记事的。

坐席也叫"赶人情"，就是谁家有了红白喜事，大家带着钱去随礼，然后吃主家操办的宴席。不知道那天是在谁家坐席，只记得那张大饭桌上摆满了碟子和碗，围着桌子坐了一圈儿人，我没记住吃了什么，只记住一桌子人都在抢着吃桌上的好东西。

我也坐在一张很大的饭桌前。也许是我奶，也许是母亲，她们个子大，我看不全面，只感觉是她们中的一个，动作很粗暴地掀起了我的下巴，然后用一块白布系在我的脖子上。她们把那块白布勒得太紧，我都快上不来气了，左转转右扭扭，低头时看见了我穿的衣服和裤子，它们都是黑色的。也许因为衣服是一大片的黑，我便永远地记住了勒在脖子底下的那块白。

后来知道，那天是我奶带着我、姨奶带着小五子坐在同一张桌上。姨奶是我奶的亲妹，小五子是姨奶的孙子。我清楚地记得，小五子坐在我对面，和我一样，脖子底下也围着一块白布，衣服也全是黑的。我还记得，他的眼睛很大，眼珠很黑，这个印象太深了，一直到现在，我仍能清晰地记得他那两只又黑又大的眼睛，定定地望着我。如果用现在的话说，目光里面应该还闪着一种在生人面前极不适应的惊恐。

就是这次坐席，两个老太太给我和小五子定了终身大事。听母亲后来话里话外的意思，这两个老太太觉得我和小五子非常般配。我奶说，小五子三岁了，该说媳妇了。我姨奶说，是呀，该说了。我奶说，把小英子说给小五子得了，都是属羊的。我姨奶说，那敢情好，亲戚套亲戚。于是，我就成了娃娃亲的受害者。

乡下还有个起外号的习俗，几乎每家男人或女人，都有一个外号，兴是说谁家的什么事，不叫名字，而是叫外号，诸如"老五粘""老约莫""二麻子""破裤子""于大炮"等等，都是村子里被叫得最响的外号。姨奶的儿子，也就是我未来的公公，外号更难听，居然叫"狗肠子"，小五子当然就被叫成"小狗肠子"。其实，和小五子的关系，我就是通过别人叫这个外号知道的。从那以后，我就成天闹我的母亲。母亲说，不怪我，问你奶去。我奶却说，两家是近亲，怎好掰脸？再说，人家给布给钱了，不能说黄就黄了！

小五子家在东山，五间正房，一座大院套，房前屋后栽满了杏树。杏熟了的时候，小五子就跟他爹挑担到集上去卖。去集上之前，他一大早就被他爹打发来我家，大概是怕见到我，进门把筐往地上一放，朝我母亲咕哝了一句，就飞也似的跑出我家的大门。

他家院子大，菜园子就大。听母亲说，小五子爹外号叫"狗肠子"，意思就是这个人太抠门，乡下人管抠门叫"狗食"，管他叫"狗肠子"，就是说他抠得太厉害了。

"狗肠子"最会莳弄菜地，一样的菜籽，一样的肥水，一样是庄稼把式，谁家的菜也长不过"狗肠子"家的。他家的菜和他家的杏一样，卖了或者烂了也不送人，唯我家例外，一年四季，到什么时令，送什么时令的菜。送菜的活儿，当然也是小五子干。每次送菜也是早晨，他把菜筐往灶屋地一放，朝我母亲又是那么咕哝一句，就飞也似的跑出我家的大门。

吃了人家的嘴短，两家大人已是打得火热，我自知改变不了什么，就想早一点儿上学。乡下孩子学龄一般都是九岁，说九岁上学会背小九九，我怕和小五子撞在一个班，就想八岁上学（乡下以虚岁计算年龄）。母亲说，八岁上学考拉巴丢儿，坚决不让我早一岁。可当号学的先生来到我家，我还是逼着母亲把名报上了。

这是我人生的第一张照片，十岁的女孩子，惊恐地看着这个世界

读一年级还好，升到二年级，小五子就上学了，两个班的教室挨着，下课躲闪不及就可能碰上。在男同学的讥笑下，一贯怕见生人的小五子真就像只小狗，上学溜边走，下学落后走，上课不敢发言，下课不敢出屋。

我的情况也好不到哪里去，班里排演歌舞剧《拔萝卜》，老师看我总穿黑衣服，就叫我演小黑狗。我一听就急了，非要演小姑娘或小花猫，但那两个角色已安排别人，没谁愿意换小狗来当，我只好硬着头皮出演小黑狗。正好就是欢迎新生入学，小五子就坐在新生堆里。我蹦蹦跳跳唱着：小黑狗也来了，帮助老公公，拔呀拔萝卜……惹得全场哄堂大笑。两家都在一个村子，没有人不知道我和小五子是娃娃亲，也没有人不知道他外号叫"小狗肠子"，于是，我也有了一个外号：小黑狗。从此以后，感觉是暗无天日了，我也像小五子一样，走路总是低着头溜着边，怕人叫外号，怕碰见小五子，心都被压扁了。

从小学到中学，小五子总是比我低一个年级。可是，中学毕业的出路只有一个：回乡务农。我想，这回完了，以后要是和小五子在一个生产队干活儿，就必得嫁给小五子了。好在关键时刻命运有了转机，因为我给作家浩然写了一封信，而他写给我的回信引起了公社革委会的重视，我马上被调到政工组，当了一个脱产的报道员。

那个年代，买紧俏的东西要票，公社干部的福利之一，就是发一两张紧俏商品的票。"狗肠子"就来托我母亲，说，让小英子给小五子要个手表票呗！于是，我把自己的一张上海牌手表的票给了母亲。过了不久，"狗肠子"又来托我母亲，说，让小英子再给小五子要个自行车票呗！于是，我从别人手里借了一张飞鸽牌自行车的票。最后一次，"狗肠子"托我母亲的事更大，说，他们两个人不一般高呀，让小英子给小五子要个招工名额呗！母亲就给我下了个死令，找也得找，不找也得找。我只好跟公社领导说实话，领导真就给小五子在硅石矿找了一个采矿的活

这是我工作过的公社机关大院，现已成工厂

儿，我有娃娃亲这事也在机关里传开了，大家都拿这个来开我的玩笑。

最高兴的是小五子，他每天戴着手表，骑着自行车，傲气十足地去三十里以外一个小镇的矿上当工人。我劝自己不生气，只有他过得好了，解除娃娃亲才有可能。

1978年春天，我考上旅大师范学校。虽然是个小中专，毕竟学校在大连，我终于可以离家远行了。报到的前一天，小五子第一次大天白日来到我家。对小五子，记忆最深的是三岁时颈下垫一块白巾的印象，大了以后，我还是第一次这么近看小五子。他个子和我差不多高，比我还长得单薄，大眼睛，小嘴，人显得呆。他进屋半天不吭气，最后结巴了一句：那、那事怎么办？我装聋作哑。母亲使了许多眼色，我仍在整理我的书。母亲说，小五子啊，我和你爹早就说过，小英子要是出了乡下，那事就算了。小五子机械地点点头。我飞快地看了母亲一眼，满脸的感激、浑身的轻松。

母亲立即打开柜门，取出一包东西，展开一看，是一叠红布、二十元钱。母亲说，这东西早就准备好了，当初你妈送来的定亲礼是二十元钱，一匹家织白布，这事哪有给白布的？今儿个我还你红布，回去告诉你妈，咱两家以后还是亲戚！小五子"嗯"了一声，夹上包，头也不回，又是飞也似的跑出我家的大门。

自始至终，我就没跟小五子说一句话。我像不认识他似的，想起被人喊了那么多年的"小黑狗"，还有一点点冤屈。可是，望着他跑出大门的背影，心里又挺不安。

后来听说，小五子嫌矿上活儿累，辞职回家娶亲了。媳妇大他两岁，又高他一头，力气蛮大，还为他生了个儿子。

再后来，听说小五子出事了。他赶着牛车往家拉秋庄稼，下山时滑杠没拉住，车轱辘从他的胯骨碾过，害得他半身瘫痪，成了残疾。听到这个消息，一个久远的故事又回到眼前。一个娃娃亲，几乎使他没有童年、没有欢乐，当他真正有了正常的生活，命运又如此不公平！

我第一次为小五子难过，为小五子不平，所以，只要见到老家的人，我就打听小五子。可是，小五子瘫痪在床不久就去世了，他的老婆一直没有改嫁，腰累弯了，人也更显苍老，跟儿子、儿媳妇一起过日子。

梨　花

　　我的小学时代，开始于1962年初秋。我的小学班主任老师有三个，他们是张璞、赵天发、徐云达。不论什么时候，只要关乎小学时代的记忆，他们的面孔和笑貌就跃然心里。

　　乡村的梨花洁白，家门口的老梨树不知生长了多少年，粗大的树干背后，藏两个壮汉也露不出一角衣影。匝地的树枝，竟然被雪垛般的梨花压出了美丽的弧，人从缝隙里钻进去，仿佛走入一座用梨花做瓦的巨大白屋。我认定，这座用梨花盖起来的白屋，一定就是女先生住的地方。每当我在黑夜里梦见梨花时，那梨花就是她湿润而纯净的脸。

　　那是4月的早晨，女先生由一位男先生陪着，小心地走进我家鸡鸭鹅大合唱的院子。女先生的两条大辫子从耳后根垂到腰下，辫子股分得非常均匀，辫子编得也紧致，没有一丝乱发，愈发显得乌油油地亮。和两条大辫子的黑相对照，女先生的脸白得像我家门前盛开的梨花。她和男先生是来号学的，因为学校知道我是适龄学生。母亲不同意，说我年纪小，胆儿也小，让他们明年再来号学。

　　我摇着母亲的手，威胁她说，不，给我号，不号，我就蹲在街上，夜黑也不回家！女先生见我喜欢上学，说，放心吧大婶，我会像大姐姐似的照顾她。女先生的话真灵，母亲终于交了四元学费，又赶着给我缝了一件红士林布镶靠色绲边的紧袖上衣、一条藏蓝色缀碎花的背带裤子、一个带竖条的花布书包。

女先生名叫张璞，那一年十九岁，师范刚毕业。也许因为我在班里年龄最小，她把我安排在最靠前的位子上，这是可坐两个人的长桌长凳，此时旁边已经坐了一个男同学。她俯下身子对我和同桌说，你们互相报个姓名，以后要互相帮助。我小心地看了看同桌，同桌却用圆溜溜的眼睛瞪了我一眼。

开始学字母了，a、o、e……张璞老师留的作业是将每个字母在田字格本上各写一行。我写完了，同桌却一行也不写。我好意地问了一句，竟然惹怒了他，他不言不语抓过我的本子就一撕两半，说，哼，我学a、o、e那天，你还穿豁裆裤呢！看，爷爷写个a！他在我那撕破的本子上画了一个圆，又在圆的右下角拖了个小尾巴。我又羞又气哭起来。张璞老师走过来问清缘由，把我也叫到办公室，边替我擦眼泪边说，他念了三次一年级，别人都叫他"降级巴巴"，打人不打脸，说话不揭短，对不对呀？你应该

这是我找企业捐款建筑的华润希望小学，原是我的母校

帮老师拉他一把，让他明年升级！

原来是这样！第二天，我很早就到校，不料我的同桌到得更早。张璞老师站在他背后，用自己的右手握住他的右手，两只手握着一支铅笔，一个格一个格地写a。美好的东西，即便是瞬间的停留，也会永存。这个情景，与4月的梨花一起，永远地留在了我的记忆中。

三年级开学前，我出疹子在家躺着。一天，女先生带着我的同桌来家访。她脸还是那么白净，两条大辫子还是梳得那么光滑。见我正在院子里晒太阳，便提议和我踢毽子玩。踢出了一身汗，她才眼睛望着别处对我说，她开学就要调走了。我不知道调走就是分别，看同桌在一边垂泪，我只是发愣。

原来，她有一个在松树镇中心小学当教师的男朋友，为了和男朋友结婚，只好调到那个中心小学。几年后，有人在松树镇看到她把两条大辫子剪掉了，脸色也不如先前那么好。我听了，不由得一阵阵发愣，眼前再也没有了那片梨花。

开学以后，新调来的班主任叫赵天发，大个子，脸色阴沉，看样子就很凶，他在黑板前一站，班里鸦雀无声。听说他有一大堆孩子，二女儿春芳插在我这个班，听口音像是北面的，后来知道，他家是满族在旗人。春芳在班里叫老师，回家管她爹叫"玛玛"，管她妈叫"讷讷"。

赵老师会写毛笔字，他每天都要上一堂写大楷的课。看我特别喜欢写大楷，赵老师就特别喜欢我，每次上课有半堂是写大楷作业，他就在屋里转着看，曾几次猛然地抽我手中正在写字的毛笔，却因为我握笔姿势正确没抽动，于是他就在班里大加表扬，然后在我的作业本上划红圈儿。一个字给一个红圈儿就不错了，可他毫不吝啬地给我三个红圈儿。

我由此知道，老师对学生是有偏向的，因为我大楷写得好，他就认为我是最好的学生，我做什么事他都高兴。有一次，下课在门口玩游戏，我一不小心把脑袋钻进两根电线杆之间的夹缝里，上课铃响了，脑袋仍在里面夹着出不来。这要是别的学生，他早就火了，对我却是百般安慰，课也不上了，直到帮我把脑袋从夹缝里拽出来。

赵老师教学没说的，可他就有一点不好，总是体罚学生，那种体罚几乎是一种病态。学习不好的、迟到早退的、上课讲话的、学费不及时交的，犯了哪一条，都逃不过他的体罚，轻了扇耳光，重了拳打脚踢。当然，只是对男生，对女生多是羞辱性的骂，只有一个女生挨过打，是他自己的女儿春芳。有一次春芳大楷作业没完成，而且写得也不好，赵老师就往她脸上打了一巴掌，罚她站了一堂课，说她太不争气，简直丢了他的脸。

全班只有个别学习好的男生没被他打过。挨打最多的是两个男生，他们年龄同岁，却是叔侄关系，两个人平时形影不离，上学、放学总是一起走，迟到早退考零分也不拆帮，挨赵老师的打当然就是家常便饭了。如果被罚站在门外，就算侥幸逃过一劫。

学习不好的男生，脾气本来就犯浑，在家父母管不了，在校老师也管不了。可是，偏偏赵天发老师不信这个劲儿，似乎越是浑的学生，越能激发他的斗志，而他所能采取的方式就是一次比一次狠的体罚。有时候，他打着打着自己气笑了，打着打着自己又气哭了。被打的男生却纹丝不动，眼睛向赵老师射去的全是仇恨。

1966年春天，那是我小学三年级的下学期，"文革"开始了。班里经常被打的男生终于等到了报仇雪恨的机会。全校那么多老师，赵天发最早被揪到台上批斗，上台打他最厉害的男生，也是以前被他打得最厉害的男生。后来知道，"牛鬼蛇神""地富反坏"被批斗的姿势，赵老师一样不差地享用了。他个子大，却让他站在几条叠架起来的凳子上，然后有人故意踹一脚，赵老师就从高处摔了下来，肋骨顿时折了好几根。

还有一种批斗是给老师写大字报和批判稿，每个人都必须写，不写就是后进分子。我没有写大字报，只写了一篇批判稿，没想到开大批判会的时候，那几个造反的男生非叫我上台去念，他们是故意的——谁叫赵老师对你好呢。我早已忘了那篇大批判稿写了什么，但我记住了我在台上念的时候，在旁边低着头的赵老师微微地朝我看了一眼。许多年后，已经迁到原籍的他曾回过一次村里的小学，听别人说起我的时候，他仍然难过不已。其实，当年看到我上台的那一刻，他的精神世界就坍塌了。现在我每每想起赵老师，内心都疚痛难当，无法面对。

彼时，所有的学校都已经停课闹革命，小学生纷纷加入红小兵，中学生纷纷加入红卫兵。因为出身不好，我没有加入红小兵的资格。红卫兵戴的是红袖标，红小兵戴的是一个菱形的红袖章。我羡慕入了红小兵的同学，却只能远远地看着。

当时的校长叫吴瑞祥，他是一个面目清秀的中年男人，由于长了一只很欧式的鹰钩鼻，学生背后都叫他"吴大鼻子"。他是一个好校长，家住得远，平时住校。他一定看出了我的落寞，有一天放学后，他突然把自行车钥匙给了我，叫我到操场上学骑车，这简直是救命稻草。虽然我对自行车并不陌生，父亲每次从县城回家，也总是骑着这么一辆破自行车，可他从来就没考虑过教我骑一下。这是我第一次与自行车亲密接触，别提有多高兴了。

开始的时候，吴校长把住车子，让我先上车，踩上脚踏，扶住车把，他在后面往前助推，推了一会儿，就偷偷地撒手，第一次我就居然独自骑出去老远。因为不知道如何拐弯，撞上了操场的篮球架，好在我随手抱住了它，车子也没倒，我也没伤。过不多久，我就能不用别人把着而是独自骗腿儿上车了。

学自行车的快乐，让我忘记了不能加入红小兵的苦闷。但我的快乐不想让人看见，就把车子推到村东的官道上。因为我已经能自如地骑车前行，就想在东山的官道上练习下坡。那是一个又长又陡的下坡，车速突然加快，我居然从未练习刹车，车子就像受惊了的野马，一路直直地朝着长坡下冲去。我顿时就吓傻了，不知自己会冲向哪里。好在官道上没车没人，往左右一看，官道边有一排道班工人准备铺路的沙堆，就急中生智地从车子上飞下来，整个人死死地扑在了一个沙堆上。因为前胸受到剧烈冲击，我顿时就没了气，等我苏醒过来的时候，看见自行车在道旁的沟里已经摔得七零八落。可是吴校长没有批评我，他自己凑凑付付地把车子给修好了。

由于赵老师被批斗，学校调来了一个新老师做我的班主任。他叫徐云达，和吴校长一样，家也住在公社南片的一个村子，也是骑了一辆咣当咣当响的破自行车。

徐老师比赵老师年轻，他属于长相漂亮的男人，话少，不说话的时候爱眨眼睛，好像每句话都是深思熟虑了之后才说出来，说话时脸上还有一种羞红。他虽然话少，却有一副好嗓子，可以唱非常响亮的男高音，吴校长就让他来组建文艺宣传队，而且让我加入文艺宣传队。

当时，我还没有变声，嗓门儿也高，翻跟头、打把式、劈腿像孙猴子。见我可以造就，徐老师叫我担任队长，还让我独唱《看见你们格外亲》和《老房东查铺》。当时，我最喜欢的歌唱家就是马玉涛，练这两首歌的时候，我曾经在夜里爬上我家门前那棵老梨树，对着月亮练嗓子，我的嗓子比月亮还高，比梨花还亮。

在唱歌之外，我还表演舞蹈，独舞《蝶恋花》是我的保留节目。徐老师俨然把我当成了队里的台柱子，一次一次地让我上台表演，让曾经那么自卑的我变得再也不怕人、不怯场，什么样的舞台都敢唱敢跳，台下有多少人都不慌不忙。

我所在的公社有十五个大队，每个大队有一所小学，每所小学都有一个文艺宣传队。徐老师不但让我们在本大队演节目，还带我们走出去，或参加公社会演，或去别的大队巡回演出，走到哪里，就吃在哪里，睡在哪里。我把嗓子唱哑了，腿跳疼了，眼睛被松树明子释放的烟气呛得泪流不止，却咬着牙坚持上台。记得，徐老师的衣兜里总是揣着含片，下台之后，他马上就往我嘴里塞一片，因为第二天晚上，我还要上台唱独唱、跳独舞。当我每天可着嗓子唱歌的时候，没有人告诉我童年有变声这回事，而我的嗓子确实在变声期彻底地唱坏了，以至于不能用真嗓而只能用假嗓唱歌，后来则只能跳舞了。

　　那是1967年夏天的一个早晨，我的班主任徐老师、王伦珍的班主任申老师，一人骑了一辆咣当咣当响的破自行车，载着我俩向县城出发，去学跳"忠字舞"，回来再教给大家。黄土岭距县城有七十二里，申老师有哮喘病，平时嗓子就像拉风匣，骑车载人更是话都说不出来了。徐老师一直让他骑在前面，可能是怕途中出什么危险吧，一路上有许多上坡，只要看到老师骑得吃力，我和王伦珍就跳下来，在后面帮老师推车子。

　　中午的时候，两个老师终于骑到了瓦房店，我们却连饭也没顾上吃，就直奔井冈山小学。教我们跳舞的竟然是这个小学的校长，他也是个中年男人，脸色很白，又穿着干净的白衬衫。教舞的时候，他站在前面，让我和王伦珍站在后面，他比画一下，我们就跟着比画一下，虽然他的身体很胖，可是舞步很轻，手势也很优美，只用了一会儿，就教会了当时最流行的三支"忠字舞"：《东方红》《大海航行靠舵手》《敬爱的毛主席》。

　　回来之后，我和王伦珍果然就像体育老师那样，站在早间操的土台上，全校的老师和同学则站在大操场上，手里挥着红宝书，一招一式地跟着我俩学跳这三支"忠字舞"。在校内教会了老师和同学，又让我俩去田间地头教社员。见黄土岭大队男女老少都会跳"忠字舞"，别的小学、别的大队也纷纷邀请我俩去教。于是，那一个长长的夏天，徐老师和申老师义不容辞地骑车载着我俩出发了，直到把全公社所有的小学和大队都教遍。因为不知疲倦地教"忠字舞"，不分昼夜地跳"忠字舞"，所以在我身上明显患有"忠字舞"后遗症，只要做一点儿形体动作，就是当年跳"忠字舞"的架势，始终脱不了那个时代的痕迹。

1998年深秋，我小学毕业三十年后的一天，徐老师突然出现在大连日报社三楼大走廊里，向别人打听我的办公室。虽然阔别这么久，我还是一眼就看出他年轻时的样子，仍然爱眨眼睛，说话仍然面带羞涩。我们彼此都激动得不知从何说起，时间漫长得恍如隔世。

寒暄了几句后，我看他有话说不出，就再三追问。他不好意思地笑了，说，想求你个事，我小女儿在瓦房店罐头厂下岗了，能不能帮她在瓦房店另找个工作？我一听，头立刻大了。我说，我小弟媳妇在瓦房店工作也下岗了，也求我帮她在瓦房店找关系，但是我无能为力。

也许话说得太急，徐老师的脸立刻红透，站起来就往外走，边走边说，啊，你忙吧，既然这么难办，就算了。不知为什么，他走得很快、很突然，我原本想留他吃饭，却在后面追不上。记得那天，徐老师穿了一身黑色的长风衣，斑白的头发仍然浓密，像怕谁追赶似的消失在大走廊的拐弯处。

记得见面寒暄的时候，徐老师说我是他教过的学生中最有出息的一个，他在报纸上经常看见我写的文章，一看见就剪下来，他为此还特意订了一份《大连日报》，为有我这样一个学生感到骄傲。我想，正因为这样，一贯羞涩的他才下了决心，专程来大连求我这个学生帮忙吧？我能想象出他有多么难过，因为想起这一幕我就难过，直到现在仍然如此。

嗬，在我写下这段文字的时候，短促而漫长的儿童时代、简陋而温暖的黄土岭小学，还有洁白的梨花、黑色的大字报、红海洋般的"忠字舞"，如钱塘江大潮似的向我汹涌而来。那么多刻骨铭心的记忆，一会儿在浪尖，一会儿在波谷，既令我无比感念，又让我无比伤怀。

山　道

十几年前的一天早晨，我眼看着我的女儿走进了中学的门槛。当她的身影与许多中学生的身影重叠在一起之后，我的心一沉，我想，这个小女孩的童年结束了，而一个人童年的结束，一个人生命里的某一部分快乐也就随之消失。这就是成长的悲剧。

记得以后的日子，便是我给这个女中学生做慈母的日子。我想过如今的中学生与过去的中学生有许多的差异，可我没想到如今的中学生会是这个样子。尽管青春年少的他们享受着卡通漫画、电脑、游戏机、卡拉OK、歌星球星、肯德基麦当劳，可他们坐在教室里的时光过于漫长，对于正是青春年少的小男生、小女生，坐在教室里学习在许多时候已经不是一种快乐，而更像是一种无边的苦役。那么蓬勃的身体被长时间固定在一只小木椅上，站起来发言的时候，由于班员超额座位逼仄，连身子都站立不直，他们的心情和思考怎么能够舒展自如呢？

我心疼女儿。每天晚上回家，她几乎是与沉重的书包一起瘫坐在门口，要深深地喘一会儿才换下汗臭的鞋子。每天洗澡的时候，总能看见她的小屁股被三角裤衩与小木椅硌出了荨麻疹般通红的肉棱子，眼镜的度数则像温度计上的水银柱似的向上疯跑。

1993年5月1日，我与女儿于大连白云雁水

问题是我不知道该生谁的气，也想不出该用什么样的语言去安慰这个脆弱而且虚弱的小女生。

有一次偶尔与女儿坐在一起看电视，荧屏上突然出现了一个天真可爱的小女童，我便回头望望女儿，说，你以前也这么可爱。女儿歪起头问，妈妈，你是说我现在不可爱了？可这能怪我吗？你上中学的时候也这样累过吗？

正是女儿的话让我想起我也曾经是个中学生。我对女儿说，妈妈那时候也累，不过是另一种累，不是脑力的累，而是体力的累。女儿居然说，我羡慕体力的累。我在心里说，女儿啊，你绝对不知道什么叫体力的累，你一定以为是踢足球、跳皮筋、打游戏机、玩得满头大汗的那种累吧。

我的中学时代开始于1968年秋天。也是一个早晨，也像上小学一样，十三岁的我背着母亲手缝的花布书包，与伙伴们小心地走出我家黄土岭大队，穿过贾屯大队，然后再翻过一座李屯南山，去山那边的公社中学读书。

公社中学也叫复县十中。此后的四年里，除了放假，我每天就是这个样子，早上走十几里山道上学，晚上再走十几里山道回家。开学第一天，我的背上只有一个花布书包，手上的网兜装着一只铝质饭盒，里面虽是母亲早上现熬的玉米粥，上面撒了点儿虾皮，我心里却像小鸟一样快乐。只是这样的快乐只有一天，第二天开始，山道上所有的中学生肩上，都压着一副装着牛粪或驴粪的担子。学校号召全校师生"广积肥"，各班级就展开了激烈的"比学赶帮超"。

在这条山道上走着的二十几个男生女生，一部分是黄土岭小学的，一部分是贾屯小学的。贾屯的同学离李屯南山近，黄土岭的同学离得远，贾屯的同学原本说在山下等着黄土岭的同学，大家一起结着伴儿翻山去学校，自从有了捡粪的任务，彼此就再也不照面了，即使是黄土岭的同学，也是一个比一个走得早。因为只有走得早，才能捡着昨天晚上牲畜们屙在山道上的粪。于是，山道附近的粪都叫走在前面的同学捡光了，走在后边的同学只好离开山道去找。

我在学校是班干部，也是校干部，而我的性情又让我不甘人后，所以我要起得比别的同学早，我不但要捡山道附近的粪，我还要漫山遍野捡更多的粪，于是就跑远了，而上学就迟到了。好在学校也并不正经上课，老师看我的粪筐是满的，脸上的笑容无比灿烂。在教室门外，总是摆着一长溜粪筐，贴着墙根则竖着一排扁担，我的扁担和两只粪筐总是排在最后。

问题在于，这似乎表明我们所有的同学都无比热爱捡粪，其实是所有的同学都不能不热爱捡粪，因为每天课间操的时候，同学们都去做操，老师和劳动委员就会像生产队队长和会计似的，煞有介事地站在教室门口，从东往西，从头到尾，一个拿秤杆，一个拿本子，称量并且记录每一个同学今天捡了多少粪。星期六下午放学前，劳动委员将准时按粪的斤数公布名次，捡粪多的，就被评为班劳模，捡粪少的，就是落后生，老师马上就要找落后生谈话，落后生就得立刻表明态度，如何在下一周补上。

我的整个中学时代的记忆，就是走李屯南山那条陡峭曲折的山道，以及粪筐的气味。如今想起来就直犯恶心，当时却一点儿没觉得，只要看到哪里有粪，就会欢天喜地地向它跑去，生怕跑慢了被别的同学抢着捡走。每天在教室上课也是闻着粪味，班里有五十多个同学，门外就有一百多只粪筐，味道要多难闻就有多难闻！

捡粪最怕下雨天。记得那天早上，我离开山道去别处找粪，突然下起了瓢泼大雨，雨点像小石头一样砸在我的脑门儿上，当然也砸在我的粪筐里，不一会儿就把我刚捡到的粪给砸得稀巴烂。粪味太臭了，可它毕竟是我好不容易才捡到的啊，于是我就把粪筐子藏进低矮的柞树墩里，用身体护着粪筐一直到雨停，最后硬是坚持着把这一担边走边漏的粪挑到教室门口。那一周，我当上了班劳模。老师表扬我说，捡粪不在多少，精神可嘉。

此后，我捡粪的积极性更加高涨，早上为了走在别人前面，我让母亲清晨四点钟就起来做饭，一碗稀粥就着小咸菜喝下去，再拿一盒稀粥咸菜做午饭，然后挑起粪筐就直奔李屯南山那条曲曲弯弯的羊肠山道。老师并不知道，我筐里的粪不都是当天早上捡的，还包括头一天放学回家的路上捡的。就是说，我每天上学和放学肩上都挑着很重的粪担子。有一次，我先看见的一泡牛粪被前街的二胖子抢去了，气得我挥着扁担去追打。二胖子腿一软就掉到路旁的深沟里了，粪也撒了，气得她坐在沟里大哭不止。

这仅仅是捡粪的故事，捡粪仅仅是在上学和放学路上的累，更多的累还发生在日常。秋冬季节，我们的劳动是修梯田。学校有一个五七农场，农场在不远处的红旗山，我们的任务是把红旗山朝阳的一面坡都修成大寨式的梯田，然后种上玉米、栽上果树。彼时，大人们也在修梯田，家里的工具往往就不够用，许多同学因为空手上学而被校长点名。

有一个名叫陈福全的男同学表现最好，他爹是公社干部，当时的干部不用亲自修梯田，而是去检查别人修梯田，陈福全家的工具就给他一人使用。他拿了工具不要紧，还写了一首诗在学校的广播喇叭里念，那首诗的题目是《我要天天拿尖镐》。这首诗把全班男生给气疯了，他也马上有了一个外号——"陈尖镐"。同学见到他就怪模怪样地喊：我要天天拿尖镐……许多年后的同学聚会，大家还没忘了当年的糗事，一起朝着陈福全喊：我要天天拿尖镐。

夏天的校内劳动与草有关，一是拔青草沤绿肥，二是拔大草卖钱。沤绿肥什么草都行，甚至可以是野菜。大草是指趴在地上蔓子很长的一种草，也叫熟草秧子。直到现在，我也不知道为什么要学生利用大好的上课时光沤绿肥、拔大草。尤其是拔大草，不管男生女生，不管胆儿大的胆儿小的，腰上一律系着绳子，一律钻进又密又闷的玉米地里，因为只有在玉米地里才能拔到大草。可是拔大草不能凑堆，不凑堆又害怕，胆儿小的女生们便一边拔大草一边在玉米地里唱歌，或彼此喊着名字壮胆。整个夏天，我们的手指被大草染成了绿色，而学校的操场就像一个生产队秋后的大场院，堆满了我们用双手一缕一缕拔来的大草垛。在草垛后面，据说还发生过扭曲而苦涩的早恋故事。

整个中学时代，我几乎没有关于课本和考试的清晰记忆，如果说那时的课堂曾给了我与小学不一样的东西，那就是我最喜欢的作文。小学只有语文，唯一的课堂写作，就是写大字报和大批判稿，中学却把作文堂而皇之地列在课程表里。

我的语文老师叫孙福玉，他也是我的班主任。我的作文经常被他当作范文在班里朗读，当他发现每周写一篇作文对我而言太过轻松，竟私下里给我开小灶，多出几个题目或者叫我自拟题目，总之是多写多练，然后交给他一一批阅。这种单兵教练方式让我非常受用，也让我劳累枯寂的中学生活有了一丝幸福感。后来去旅大师范学校读书，我在学校图书馆看到王力四卷本的《古代汉语》，想买给孙老师，就是价格太贵了，一共是二十四元。师范生每月的饭伙钱是二十一元，因为太想感谢孙福玉老师，我就把父亲每月给我的十二元零用钱全部省了，其余的在那个月饭伙钱里扣，到底给老师买了这套书。

在老师的宣扬下，我的作文在全校都有名了。有一次，学校组织下乡参加一周的秋收，并要求带行李住在当地的社员家。班里几个女同学知道我把一个听来的故事写成了小说，非要我讲给她们听，这个故事就是手抄本的《一双绣花鞋》。天黑夜凉，几个女同学被我吓得惊恐万状，蒙着被子不敢露头，连厕所都不敢去了。

我的作文，其实得益于我的阅读积累，而我的阅读习惯最早来自父亲的影响。父亲幼时读过私塾，还曾专门给私塾先生做饭，直到去世之前，父亲还在用繁体字书写。小时候，父亲给我带回来的读物有两个，一个是他坚持订阅的《大众电影》画报，一个是单位发给他的《卫士凯歌》上下册。我一直认为，我个人对时尚的敏感，来自对电影以及电影明星的追捧，而我对文字的喜爱，则来自《卫士凯歌》这部反特书的吸引。它属于纪实文学，写的是新中国成立初期公安战线如何抓隐藏的特务，这与父亲的工作性质相近。看不懂的地方，就听父亲讲大概意思，我就这样迷上了阅读。而我喜欢孤胆英雄和个人主义、喜欢推理片和枪战片、把《一双绣花鞋》写成手抄本，也是源于小时候听了太多扣人心弦的反特故事。

对大部头名著的阅读，开始于小学时代。乡下人喜听戏文，爱读古书，村子里许多人家都有被翻烂了的古代名著：《三国演义》《水浒传》《西游记》《说岳全传》……都是无头无尾的书。竖排本的《石头记》即《红楼梦》，我在三年级就读过了一遍。20世纪五六十年代出版的小说《林海雪原》《红旗谱》《三家巷》《苦菜花》《晋阳秋》《野火春风斗古城》等，也都是在小学期间读过。我的小学同桌名叫李森林，虽然他在桌上画了三八线，可是只要有了一本好书，第一个就借给我看。我常常是打着写作业的幌子，把饭桌摆在灶坑前连夜看完。母亲早上起来烧火做饭，发现我点灯熬油原是看大书，必是一顿斥责。

中学时代的阅读，记忆最深的是范文澜的《中国通史》，这是孙福玉老师借给我的，而且他告诉我范文澜是何许人也。正是范文澜对政治、军事、农业、医药无所不通，尤其对诗词歌赋、戏曲白话无所不明，让我喜欢上了历史，以至于觉得一个人如果有了历史的功底，别的就不用学了。1977年高考，我第一志愿报的是北大新闻系（因当时我是公社报道员之故），第二志愿报的却是南开的世界史，因为我已经读过了《中国通史》，现在想读世界通史了。而我日后对历史和方志的兴趣，也都与此有关。

阅读给予我的滋养，还来自一本《成语词典》。中学时代，学校每个班都有好几位来自城市的同学，他们是随父母走"五七"道路来的子女，有的则是下放户家的子女。"五七"战士大多是干部出身，下放户也许是普通工人，只是家庭成分复杂或不好。与我同班的女生，她们几乎占了一半。这本《成语词典》就是老对儿徐佳借给我的，她现在是医学博士，六十岁了仍在美国某大学教课。

这是我第一次看到词典，也是第一次读到如此多美妙的词语。因为看后要还给人家，我不知用了多少个夜晚把它手抄了下来。每次老师一给作文题目，我就会在词典里熟练地挑出几个成语，抄写到一张纸上，随时加入到句子里，正是这些令老师和同学感到陌生的成语，让我每篇作文都异彩纷呈。在此后的岁月里，不论写作还是当编辑，我的文字素养也都得益于这一本小小的词典。我的中学同窗中至今还夸大其词地流传一个说法，说我当年把一本《成语词典》倒背如流。

有一点毋庸讳言，在那个郁闷的年月，生活的单调和累、内心的寂寞和孤独，的确让我在抚摸文字的时候获得了拯救。

回　乡

中学毕业，摆在我面前的只有一条路，那就是回乡务农。时间是1972年12月末。母亲说，你有两个选择，一是小学民办教师，二是小队妇女队长。母亲在村里很有面子，我给别人的印象也是出了名的好学生，但是母亲显然在背后做了工作。我坚决不当民办教师，因为我害怕像赵天发那样挨学生打。虽然最讨厌别人说"妇女"这两个字，可是我宁愿去当妇女队长。何况在我之前，母亲和我姐都当过，即使当不好，也不至于挨打吧。

中学毕业后回乡劳动，这是我当妇女队长的扮相

化冻之后，就开始备耕了。这是1973年春天，说好听点儿，我成为一个回乡知识青年；说得直白些，我正式成为下地干活儿的农民。春耕、夏锄、秋收，乡下主要的农活儿，我几乎都干遍了。可是不论哪种农活儿，我都干得极不专业。比如，站在地头一齐往前锄草，我总是落在最后的一个，队里比我小的妇女都要给我接头，也就是她先锄完了一垄，看我还在地中间磨叽，就回头帮着我干。事实上，队里许多男女都以这种方式帮过我。锄草可以，割庄稼就不行了，一看被别人落下太远，而且别人也没力气来帮我了，我就坐在地上绝望地哭。总之，别看我是妇女队长，只要干不动了就哭，我的哭没多久就在全大队臭名远扬。

看我不是个干活儿的料，队长就让我领着家妇们上山，独立干点儿轻快活儿。家妇是指结了婚的妇女，因为要送孩子上学、给男人做饭，可以晚上早收工，这是当妇女队长最大的享受了。然而，家妇脸皮厚，没有未婚妇女好领导。比如，春天在地里拔苗，她们不讲究什么姿势，都在地上趴着拔，后腰露出一段白肉，也满不在乎；夏天在树下乘凉，遇着个小叔子辈的男人，她们可以跟那男人抱着撕着玩扒裤子的游戏；秋天到果园里偷苹果吃，看见看山的来了，她们居然解开裤腰带假装尿尿。中午收工本来就早，男人吃了饭就上山了，她们还要歇歇晌，于是我把前街的叫醒了，再跑到后街去敲门，后街的出来了，前街的粉还没擦完。我以妇女队长的口气呵斥她们，一个个嘻嘻哈哈像没听见似的，上山后聚一堆，故意交流些男人女人炕上的事，让我不敢靠前……

彼时，已经开始有下乡知青离开农村，离开的资格是有一门特长，或者会唱歌，或者会跳舞，或者会某种乐器，只要有特长，就可能被部队或地方文工团挑走。然而，我是回乡青年，而且没有任何特长，对那些被文工团挑走的下乡知青只有羡慕的份儿。

记不得是怎么看到的那本发了黄的农村版的《艳阳天》，我一页一页翻过时，就感觉自己是一只在麦田上飞舞的小鸟。有一天，我突发奇想，想给浩然写一封信，向他请教如何写乡村题材的小说。于是，在乡村7月的暑热里，我一边流汗一边在纸上对浩然说，在我身边随处可见《艳阳天》里的人物，我已经把他们列成一个名单，且每个人都有故事，请他告诉我怎样把故事变成小说。

信写好了，一时不知往哪儿寄。记得《艳阳天》封面印有"人民文学出版社"字样，我就只好写上：请人民文学出版社负责同志转交浩然老师收。也许是怕出版社不转给浩然，也许是怕浩然不理睬，我还在信封背面画了一丛柳条，画了一只展翅飞翔的信鸽，嘴上叼了一封信，然后在旁边写了四句当时最流行的顺口溜：信从手中飞，不知何日归，请您见信后，速速把音回。

此前，我只给父亲写过信，这是我第一次给自家以外的人写信，也是第一次给名家写信，目的只有一个，像城里的知青那样，以一技之长，逃离农村。

等待的日子里，我依旧带着家妇们上山干活儿。9月中旬的一天傍晚，当我和家妇们把最后一辆拉花生秧的牛车护送到场院时，我看见了一直等在这里的乡邮员。他说，这是一封很重要的信，他要亲自交到我的手中。于是，我接过了一个牛皮纸大信封，我没有去看大信封左上角写了什么，直接就去看右下角那一行红色印刷体铅字：北京西长安街7号北京市文联缄。在"缄"字前面的空格里，署着手写的"浩然"两字。嗬，浩然给我回信啦！

打开一看，里面有一份油印的材料，在眉头空白的地方，写了一行字：信收到，寄上一篇我的讲话稿看管用不管用。然后，就是和信封上一模一样的签名。

一阵快乐的眩晕之后，我只想快些回家告诉母亲，可是乡邮员并不着急走开，而是问我许多他不该问的事情。后来知道，这个大信封在公社大院里被传遍了，革委会政工组嘱托乡邮员，一定要亲手把信交到收信人手中，他们想知道敢给浩然写信的究竟是何许人也。其实，在我和家妇们到场院之前，乡邮员早已把我和我家调查了一番。

敢给浩然写信，居然成了我的一技之长。一周之后，公社就通知我去政工组当报道员。好运就这样降临到我的头上，与文字

1973年，当公社报道员，带领大队报道员在田间地头学习马列（右一是我）

耳鬓厮磨的日子就这样开始了。接到通知的第二天，我就大摇大摆地告别了那些惹我生气的家妇们，用自行车载着行李去公社报到了……

就是说，中学毕业回乡之后，我在生产队只干了十个月农活儿，或者说，当了十个月的妇女队长，就因为浩然的一封回信，离开了生产第一线，从此就不再是挣工分的农民，而是挣工资的干部。曾经的心灰意冷、曾经的沮丧绝望，统统化作烟尘散去。

1981年夏天，我在海洋岛参加辽宁省作家协会的笔会，浩然在大长山岛参加春风文艺出版社的黄海笔会。他特意向大连市文联提起我的名字，听说我也在岛上，他刚住下就往海洋岛打电话。其实，这八年中，我给浩然老师写过许多次信，每次都寄一篇习作。他一直住在通县（今北京通州区）体验生活，每次他都把我的习作转给报社，报社编辑写退稿信时必是代表他说几句鼓励我的话。如今听到他的声音，而且他就在对面的岛上，我握着话筒一时说不出话来。

部队马上用快艇把我送到大长山岛，站在岸边迎接我的是浩然老师的女儿春水。她只比我小一岁，高高大大的，我得仰着脸看她，可是她说话的声音却是小小细细的，温存得如一泓春水，见了面就给我亲如家人之感。

我想，大作家一定很有架子，也特别文气。然而，站在我面前的浩然老师，剃着一个农民大爷头，穿着白汗衫，因为常挣袖子，衣服皱皱巴巴的。当我告诉他，我是因为他的一封回信，当上了公社报道员，由挣工分改为挣工资，从此就不在一线干农活儿了时，他居然大吃了一惊，然后笑得像个孩子，笑完了又说：不过，你还是农民的后代，永远别忘了农村，那是你的根哪！也许就是他的这句话，让我从不遮掩自己的小村姑身份。

黄海笔会邀来许多著名作家，年长些的有林斤澜、丛维熙、彭荆风、邓友梅、程树榛，年轻些的有金河、叶辛。浩然在他们中间很显眼，眉毛黑森林一样浓密，大眼睛稚童一样纯洁，宽大的面庞善良而又慈祥，若是拍电影，完全可以扮演村子里最有福气、最有威望的族长。所以，作家们不论年长年轻的，都"梁兄梁兄"地叫他。他与他们说话，平易得如一个老奶奶，抑扬顿挫一点儿也不明显。每天傍晚，他都要和笔会的作家们散步去海边，别的作家们有的戴太阳镜，有的举着扇子或伞，一个比一个讲究风度。浩然老师只穿着背心，白汗衫挂在右肩上，像农民出工。

在浩然老师面前坐着，他从不讲怎么写小说，而是讲一件一件的生活琐事。他说，他给四个孩子起名叫秋山、春水、蓝天、红野，他管他的妻子叫大姐。他还说，离开北京时，大姐正有病，否则就一块儿来了，她还从没看见过海呢……听他讲话，觉得是走在一条乡间的小毛道上。

彼时，浩然已经光环不再，正不断被批评指责，我以为他会非常失意消沉，但是他笑呵呵地说：无论如何，我是农民，我终生为农民写作，我总会被承认的。是的，他与农村、与农民、与文学，一直是以身以心相许，他是真正的作家。

春水说，他的血压一直很高，这次是带着病来参加笔会的。即使这样，他还是在写，看到他桌上摞起一叠厚厚的草稿，我说我暂时不走了，您只管往下写，我和春水帮您抄。他又高兴又不好意思，我和春水抄稿子时，他就出去买西瓜、桃子给我们吃。记得，那是一部中篇小说，题目是《姑娘大了要出嫁》，我俩一

1989年，陆文夫（右二）、金河（右一）、晓凡（左二）来我家做客

共抄了六万字。

笔会后不久，文艺界便在讨论文学的主体意识，生活被认为不那么重要了。可我知道，浩然老师几乎是驻扎在通县，那儿是他的生活基地，春水为了照顾父亲，特意在通县中学当教师。在我举笔踌躇时，我就想到了他们父女，而且专门给浩然老师写了封信，述说我的惶惑。这一次，浩然老师亲笔写了一封长信，并全文发表在《鸭绿江》上，题目就叫《深入生活与感受生活》。对我而言，那是一个关口，浩然老师做了一盏温暖的灯火、一座坚定的大山，给了我方向和力量。

再后来，我把我连获两项散文奖的消息从报纸上剪下来寄给浩然老师，他仍然是马上回信。他说：为你的进步祝贺，希望百尺竿头，更进一步……他的语言，永远和他的人一样，朴实得如山沟里的蚕茧、平原上的篱笆。

也是从这封信中我得知，浩然老师已经离开通县去了三河，正准备在那里帮忙成立三河县文联，由他担任第一届文联主席。信中，他希望能收到我的贺词、贺信或贺电。我选择了写贺信，不但祝贺他担任一个县级文联的主席，还祝贺他的《苍生》获首届中国大众文学特等奖。

高　考

每年7月高考的日子，都让我有一种伤痛，尽管不愿触碰，却在心里一次次踮起脚张望它。我知道，这是一种情结，因为我的人生有一个梦永远是残缺的。

经常有人问我毕业于哪个大学，经常因为出书或评职称而让我填写学历，这对我简直就是一种折磨，或者说就是一种刺激。有人问，我就含混地说师范，有人让我填学历，我就含混地写本科，经常就心疼得痉挛。

我对我的女儿说，无论如何，你要考上大学，人一定要读过大学，人的一生一定要有大一、大二、大三、大四那样的经历，有和没有绝对是不同的，女儿你一定要听懂我的话。当时还在读小学的女儿，只好似懂非懂地点点头。

我曾经无数次被邀到大学里办讲座，我还是本市几所大学，包括我母校的客座教授。每当面对那些年轻的大学生，我就不由自主地跟他们说，大学四年是生命的必经之处，是青春驿站，我没有上过大学，所以我的人生是不完整的，我也没有青春。不知道那些大学生们是不是听懂了，现在的大学生不听说教，他们不会理解那个时代的事情。

20世纪70年代末，我正是公社报道员和团委书记，扎着两条

受聘为大连工业大学客座教授

受聘为大连大学客座教授

小辫子，穿着那个年代流行的蓝色或灰色制服，脚蹬男式翻毛皮鞋，骑自行车走村串队地抓革命、促生产。1977年深秋的一个晚上，在各地人民广播电台联播节目里我听见了恢复高考制度的消息，我立刻就想，这回我可要远走高飞了。

然而，公社不同意我报考，我是他们多年培养的青年干部，在他们的印象中，大学生也就是交白卷的张铁生之流。母亲也不同意我报考，那时买手表、买缝纫机、买自行车、买的确良布都要票，而我在公社能弄到。我当然不听，我要远走高飞，于是，我躲在我蹲点的大队，躲在青年点里，偷偷地复习，偷偷地报考。我是七二届毕业生，记得，我看的书是当年的辽宁省中学试用课本，一共复习了十七天，连试用课本都没看完就走进了考场。

赵屯历史上就是贫困公社，被称为复县的"西伯利亚"。公社的地理状况是荒山秃岭，南北狭长，九道河一线贯穿其中。原来全公社只有一所中学，因为地域南北狭长，后来增设了一所中学，学区也由此分为南片、北片，北片是过去的老中学，也叫复县十中，南片属于晚来的，叫复县三十一中。两个中学积攒的历届毕业生中，居然有七十多人进入录取线，在全县乡村公社名列前茅。

我知道，这个成绩单绝对与老师有关。他们大多来自大连市内，都是走"五七"道路的教授或高级工程师，20世纪70年代初恰巧赶上了短暂的教育"回潮"，饥渴的乡村孩子正好接受了他们发蒙般的教导点化。

这个成绩单不但老师高兴、考生高兴、家长高兴，公社领导居然也很高兴。只不过正是因为公社领导的高兴，酿成了一场震惊全国的惨祸。那是1978年1月14日清晨，我们这些恢复高考制度后第一批进入录取线的年轻人乘一辆大卡车去体检，十分钟后车翻了，七十多人如一堆土豆、西红柿砸烂在冰冻的河上，所有的人几分钟内没一点儿声息动作。一只缚了脚的大鹅，在狼藉的人体上惊慌地乱叫，愈发衬托得场面凄凉。鹅的旁边，还有一颗血淋淋的冻猪头。正在山上石坑里凿炮眼的农民目睹了一切，说大卡车滚了两个侧翻然后立起。河边一家正擎着鞭炮准备迎接新娘子的轿车，看到翻车都跑了过来，那家的女主人一会儿大哭大叫说可惜了这些孩子，一会儿又大哭大叫说她儿子的喜事让白事给搅了……这都是后来听到的诉说，我那时正昏迷在无声无息的人堆里，被当作"现场"保护起来。

记得，醒来第一眼看到的是河沿上的枯草，我俯卧在河沿的斜坡上，头低脚高。我试着抬起头，有血如注，糊住了眼睛。但我还是看清了，刚才站在我身边的那个男孩已经死了，他的脑袋正摔在河套里一块坚硬的石头上，距我所在的河沿只有一步之遥！我知道他的名字，也知道他很小失去了母亲，由父亲从幼儿园带到小学和中学，直到他成为下乡知识青年。他在公社中心小学教数学，那天早晨等车的空隙，他很兴奋地告诉我，将来他要当个数学家。我是最后一个上车的，车上挤满了人，我们只好站在车尾，背着车的行驶方向，握住一根铁索东摇西晃。他站在我的左侧，右侧就是提着猪头和活鹅的那位青年点伙食长，他搭车回大连过年。直到事故发生前的一瞬，我们三个人仍谈得热烈，隐约听见有人用美声唱着"北国风光，千里冰封……"那天早晨有雾，山上有雪，的确很美。然而，车在下山拐弯时发疯一样翻了。此刻，那个穿一身黑色工装短棉袄、系一条咖啡色围巾、浓眉大眼白面书生模样、想当数学家的男孩子，很平静地仰卧在冰河上，如梦。

我又试着扭头，只见鹅主人和我一样被侥幸地扔在斜斜的河沿，我们的身下不是石头，而是比石头柔软的泥和枯草。鹅主人颧骨高、鼻梁高，凡是高处，都被削平了。我也是头先着地，所幸左额是那条斜线的切点，皮肉被开放性地整个蹭开，从此，那个向着太阳袒露光洁之额的小姑娘，只能以刘海遮住半张脸。

记得，当我们被卧铺车厢拉进大连站，我曾用肿胀的右眼向车窗外看去，站台上几十辆救护车一字排开。当车队惊叫着从市中心大街驶向医院时，全城的人都大祸临头般惊悚着、躲避着。在大连市第三人民医院脑外科病房，一阵凌乱过去，多少人死亡，多少人受重伤，多少人终生残疾，坏消息一个比一个刺心，我不敢睁开眼睛，每天蒙一块白纱布强迫自己睡去。可是，医生每天都来查房，我每天都要遭受皮肉撕裂之痛。大概没有谁在活着的时候就看见象征死亡的头骨，我每天看见的却是自己的头骨。它是洁白的，敲它的时候，有一种空响，却不疼，因为骨膜与疼痛神经一起被蹭去了。我就此知道了一个常识，失去骨膜，新肉芽便无法附着，伤口也就无法愈合，这意味着我将永远露骨地活着。

于是，我在枕头下放了一面小镜子，每次换药都要看一眼额头上那块指甲大的白骨，然后日夜以泪洗面。我的眼泪，让一个年轻的医生也寝食难安。有一天，脑外科专家们又来查房，脸色仍是一片无奈。专家们走后，这个年轻医生留了下来，继续查看我的伤口，突然，他那忧郁的脸上绽开了一朵笑容。十分钟后，他把专家们请了回来，手里拿了一只医用小凿子，在专家们的注视下，他开始在我的额骨上轻凿，说，只要把骨面凿出纹痕，新生的肉芽就可以爬上去，伤口就可以愈合。正是他发明的这个超医疗愈合法拯救了我，至此我不再被死的阴影纠缠。

我只知道这位年轻的医生姓隋，因为是刚毕业的工农兵大学生，做事总是很小心。他甚至没有跟我说过一句话，每次查房他都躲在专家们的背后，在这个事件里，他却是唯一让我终生感恩的人。

可是问题在于，1978年的春天，我和这些年轻人因为高考体检而受了这么重的伤，当别人都在家过年的时候，我们这些受伤的考生正在医院里被抢救；当大学录取工作已经开始的时候，我们这些考生的父母已经忘了自己的孩子是为了上大学而流的血。现在，这些孩子的命保住了，但是大学呢？当吓坏了的父母们突然想起该问问考试结果时，大学录取工作已经结束，这一车伤者只能到大连市属的中专上学，报理科的去电子学校、水产学校、海运学校，报文科的只有一个师范学校。

我无法接受这个事实，车祸已经让我在肉体上受了重伤，上不了大学不啻是让我再受一次更重的伤。公社领导也觉得太不公平了，派专人到省招生办为我争取，省招生办主任只是公事公办，因为他不是亲自打一个电话，而是在我的档案袋上写了一行字：此生成绩较好，请辽大开档。辽大那时已快开学，他们根本就没有理会这个档案。多少年后，我参加自学考试本科毕业论文答辩，指导老师是辽大中文系徐教授。记得，那是个星期天，本来没有中文系罗主任什么事，但他亲自来到学校，待答辩结束后，约我去他的办公室见面。他说，他老伴儿和他女儿特别喜欢我的散文，他也读过我的散文，建议我读他的研究生。我说，如果辽大当年录取了我，我在求学的路上就不会跋涉得这么苦了。我不想在辽大念书，但是这个情绪与他无关。那天，一起去答辩的同学曾拉我在辽大校门口的牌子前合影留念，我恼怒地说，辽大与你有什么关系？你以为照了一张相片就是辽大的学生吗？我头也不回地离开，那种疼一生一世也不能消失。

就是这样，因为一场车祸，我只能读旅大师范。它仿佛是一个陷阱，冥冥之中已在生命的途中等待着我的到来。我认为这不叫远走高飞，这只能叫离家上学。我真的不想去报到，我一心一意想要做一次真正意义上的远行。

后来，旅大师范的校长和老师来医院看我，那时我还在住院，额头上缠着白色的绷带，他们与我说话时，还在婉转地测验我的大脑是否正常，因为我后补的体检表上写着"脑外伤脑震荡"。在他们眼里，我已经不是一个正常的人。想到我今生再也不能去北大、去南开了，我所能去的地方只有旅大师范，如果我不好好表现，恐怕连旅大师范也会去不成，我便用我尚还清醒的头脑，用我不算笨拙的语言，用我淳朴而热切的真诚，终于让校长和老师相信我也许会是一个好学生。

直到我推迟一个月去上学那天，我的额头上仍然贴着一块白色的纱布。我考的是大学，报的是大学，分数也够上大学，却因为车祸被录到了一个中专。当然，我永远也不会忘记旅大师范，在我想飞的时候，它毕竟给过我风。

旅大师范学制两年，其实只读了一年半。我所在的班级叫中文二班，班里居然有好几个在报刊上发表过作品的文学青年，写小说的高满堂、写诗的孙毅和孙艳丽、写散文的我，大家凑到一起，俨然就是一个"文学小虎队"。

记得，在我报到之前，诗人孙毅曾代表班级在开学典礼上朗诵了一首自写的诗，可惜这个场景我没有赶上，好在他的诗句和手势一遍遍被同学们重复和模仿，几乎成了中文二班极具个性化的广告语。他来自瓦房店城里，因跟父母历史问题"沾光"，被高分低录到这个班。毕业两年后，他再次报考大学，也只是考上了沈阳师范学院，最后又考研究生，终于去到他父母的母校——辽大。他的求学之路也算坎坷，可是他就凭辽大中文系的研究生学历闯荡北京，先是在《北京日报》文艺部当编辑，接着是去鲁迅博物馆当馆长，如今已是中国人民大学文学院院长，成为著作等身的一流学者、国内外知名的鲁迅研究专家。

高满堂也是中文二班才子之一，他皮肤白皙，喜欢穿草绿色军装，戴草绿色军帽，看似文弱书生，其实是个运动健将，班里有四个跑百米的"快腿"，就有他一个。在全校运动会上，中文二班的男生在4×100米接力赛中，把体育班都给涮了。上过外国文学课的同学们用巴尔扎克一部小说的名字给满堂取了个外号：高老头。他的确有点儿老气，上课总是睡觉，老师叫他念《天上的街市》，他站起来就读《我是天狗》，给同学们留下一个无法忘怀的笑料。可是，他是个讲故事的高手，小说《后窗》一经发表，大有一炮走红之势。只是时运未到，再加上他当时还有点儿懒散，直到由五十一中教员身份改为电视台编剧，属于他的春天才来到。现在的高满堂，不但是国内一流编剧，也是单集稿酬最高的编剧。

　　与两个男生不一样，孙艳丽是文学女青年。她的诗人气质令人刮目相看，她手里总是拿着一本书，走路是不看左右的。她喜欢吃零食，地里的大葱、青椒和地瓜，都可以被她采来当零食吃。她的床铺永远是乱的，拱出一个窝就能睡，她的书桌也是乱的，腾出一个窝就可以写作。她是我看到的最没有秩序的一个女孩子，她的诗却能迷倒一大片想入非非的男孩子。正因为如此，班里的男同学对她又爱又恨，无所适从。毕业后，有一次最大规模的同学聚会，地点在冰峪沟，大家早都到了，她最后一个来，却第一个离开。走的时候，她站在船头跟同学们告别，居然用"大海航行靠舵手"那样的手势，弄得同学们哭笑不得，她说，她不写诗，当官了，看她多像个官呀！的确，当时她是瓦房店市无党派女副市长，官架子摆得如此别扭，说明她骨子里仍是个诗人。

　　在旅大师范读书的日子太短，我之所以不厌其烦地描述这几个文友，就是因为他们留给我的记忆至今仍然鲜活无比。

　　说到我自己，只记得报到第一天辅导员老师就告诉我，中文二班团支部书记这个位置一直给我留着，因为新生档案里写着我是公社团委副书记。我第一次到班级跟同学见面，教室里居然响起一片热烈而友好的掌声，大家像欢迎一个养伤归队的前线战友。然后，借着当过公社团委副书记的光，我还当上了中文系党小组组长。

　　其实，这真是一个巨大的误会。1974年，我做公社报道员的第二年，革委会正在突击提拔青年干部，旅大军分区突发奇想，要在几个农村公社做试点，提拔一批女武装部部长。我所在的赵屯公社就是试点单位，只是找了很久也没有合适的人选。有一天晚饭后，我和公社的男同事混在一起打篮球，因为人数不够，只能打半场。我在中学就是校队的中锋，曾参加过全县中学女篮比赛，而我的三步上篮在队里也算一绝。正是我的这个表现，让公社革委会一把手看到了，他边击掌边说我的脚底像装了个滚珠（即轴承），当武装部部长绝对是个好料子。

一句话改变了我的命运。我马上就去武装部上班，而且马上就去大连南关岭参加旅大军分区教导队的集训。与我一起来的还有另外三个女孩子，她们也是试点公社的培养对象。那是长达一个月的苦训，不只是用步枪打靶，连打坦克的重型机枪和迫击炮也都试过。

然而，我的政审结果把公社一把手整晕了，枪杆子怎么可以交给这样一个出身的人呢？可是已经提拔了，没办法退回去，再说他们也不会承认自己工作失误，就把我尴尬地推到团委。可是，团委书记要进党委班子，我只能当副书记，主持工作。1977年10月，我与全市基层团干部一起，在旅大市革委会第七招待所开会。在这个会议上我得知一个小道消息：国家要恢复高考制度了。回到公社不久，果然就在各地人民广播电台联播节目里得到证实。我的短暂的为官生涯，就这样画上了句号。

在旅大师范的同学眼里，也许我天生就是一块当官的料。其

1975年，担任赵屯公社团委副书记

实，我最看重的是唯一的一个学年结束时，我被选为全校三好学生。记得，我的黑白大照片曾经在大走廊里挂了很久，左额上的头发刚刚长出来，勉强覆盖住那一道刚刚愈合的伤口。

被镶嵌在旅大师范的橱窗里的三好学生照片

师范毕业那天，学生处处长在典礼上宣布我被留校。1979年夏天的风气就有这么好，留校这么大的事，我本人居然一点儿都不知道。此前，旅大师范已升格为旅大师专，就是说，七七级毕业生还是中专，七八级就是大专了。七七级的同学还曾为此闹过几天，抗议命运不公，要求给七七级大专毕业证，最终却未能奏效，这让七七级毕业生在离校前夜喝了太多的酒，翌日在夏家河车站彼此作别的那一幕尤其凄惨。

1977年10月，全市乡镇团委书记聚在大连开会，听到了国家恢复高考的消息，三个女书记在星海公园合影，因为说不定从此就各奔东西了（右一是我）

对我而言，留校不啻是巨大的安慰。我也以为，这是板上钉钉的事，就在家静等新学期开学了。记得，那天晚上，我和母亲一起在村子里看露天电影越剧《红楼梦》，大队部会计递给我一封学校来信，打开一看，竟是让我改去复县教育局报到的通知。这封信我没有读给母亲听，而是搪塞着说是大连同学的来信，不动声色地陪她看完电影。

那一夜，我失眠了。早上离家，我跟母亲找了个借口，说同学约我去大连玩。但是，这事我必须告诉父亲，正好我要在瓦房店换火车。这是一个坏消息，我始终认为是这个消息打击了父亲，他那天本来就有点儿感冒，听了我的诉说一言不发。吃过午饭，我用凉水泡脚，他坐在那里看报纸，之后我就那么粗心匆忙地离开他走了。

我在大连一直待到开学。那时候，还没有走后门或送礼一说，校长说见就能见。我几次登门向陆俊校长询问这是为什么，我说，不是我自己要求留校的，而是你们当众宣布的，突然不留，让我如何向老师和同学交代？我的理由就是这么简单。于是，校长说，你别走了，我们再研究一下。两天后，我就接到通知，让我照常去学校报到。

这个喜讯来得太晚了，马上就是新学期开学的第一天，父亲尚未接到我的电话，就因突发脑溢血入院，抢救到第十四天，便与世长辞。这一道伤，与因车祸上不了大学一样沉痛。

可想而知，一个中专生留在大专是多么窘迫，所以，我耿耿于怀的仍是上大学，而且是上我梦想中的大学。有一天，我在报纸上偶然看到中央戏剧学院戏剧文学系招生的消息，于是一头钻进图书馆，没白没黑地找戏剧方面的书读，为报名考试做准备。从古希腊悲剧到中国的元曲，从布莱希特到萧伯纳，从梅兰芳到斯坦尼斯拉夫斯基，我觉得我就要当个剧作家了。可是报名不久，我就收到中央戏剧学院的回执，说我没有五年以上的编剧经验，也没有剧作，不具备报考资格，还说，希望我继续努力。

留校后想当作家，躲在树下阅读被抓拍

我当然不会放弃努力，于是马上就参加辽宁大学中文函授本科学习。招生简章写的是五年制本科，我想五年就五年，边工作边学吧。正在学着，辽师夜大招收三年制本科，我的许多同学都去读辽师夜大了，我却对辽大坚定不移，像爱情似的不动不摇。结果学到第四年，辽大理直气壮地给了一个专科毕业文凭。辽大当年是不录取我，现在又以这种方式欺骗我，我真的有点儿承受不住。因为旅大师专已改叫大连师专，我已经从大连师专调到《大连日报》文艺部，而且马上就要评职称，评职称得有本科学历。我终于明白，我可能这一辈子都别想赶上那一趟本该属于我的大学列车了。

没有高学历，我就得把活儿干得漂亮。我真就这么拼了，真就干得很出色。我在《大连日报》获得的评价就是：这个人虽没上过正规大学，但这个人很有真才实学。每听此说，我就像被讽刺了，被嘲笑了，被悲悯了，总之，浑身都不自在，非常难受，非常难堪，非常尴尬。

好在生活并没有一味地遗弃我，一味地让我绝望。一分耕耘，一分收获，在别人正常拿到编辑职称时，我被破格评为编辑；在别人又正常地拿到主任编辑职称时，我又被破格评为主任编辑。回头看看，很多有大学本科文凭的人还在我的后面呢。但是，为了争这一口气，要这一个尊严，我比别人多付出了多少啊！

一个大专函授文凭，还是让我不安。1989年春天，我报名参加辽宁省自学考试。然而，命运在这个问题上又捉弄了我一把，我刚报上名，就遭遇了那场惊心动魄的风波。我想，今生今世我的大学是毕不了业了，上帝也许就是这样安排的，既然不让我拿什么本科文凭，那就见它的鬼去吧，我不考了。

世事无常，当我把学费索要回来后，形势很快一片大好。于是，免不了俗的我又去报名。从1990年至1993年在旅大师范和辽大函授反复考过的中国语言文学，我重又温习了一遍，每年春秋两季都要考试，不论考几门，我都考得非常轻松，其中古汉语和美学几乎考了满分。可我一点儿也高兴不起来，我感觉我的生命很不值钱，人的一生那么短暂，时间那么宝贵，我却为了一纸文凭，原地踏步十几年。更远一点儿看，1962年入小学，1968年入中学，1978年入师范，1980年读函授，1993年读完自考本科，在读书的道路上，我居然跋涉了三十一年，我不是比那个倒霉蛋范进还要悲惨吗？

当然，师范、函授或自学考试没有什么不好，只是我太想念一所正规的大学，我太想在大学里度过大一、大二、大三、大四的日子。一场猝然而至的车祸，让我与大学失之交臂，苦痛与不甘相互交织，但也让我成了一个小有名气的写作者。或许，祸与福的一切，都是命运所赐。

编　辑

爱因斯坦说，热爱是最好的老师。我想，许多人没有我这样的福分，就是我所做的是我喜欢的职业。我首先是个编辑，其次是个作家，这两个角色相互映照，彼此成就，既给了我无尽的享受，我也一直视之为天职，也让我对它们始终怀有坚定的敬意和真诚。

我的编辑生涯，开始于1983年。那天是12月15日，因为一纸调令，我离开大连师专，去了大连日报社。此后，在长达二十七年的时间里，我再没挪地方，在副刊一直当编辑到退休。

离开师专，不是师专装不下我，而是我要重新选择人生方向。我在师专是个打杂的，当过辅导员，当过学报编辑，当过宣传部干事，最后主要是给老教授们抄写平反材料。每天早晚，我像钟摆一样，坐上大连至旅顺的通勤小火车，然后坐在机关里看档案、写材料返回，这不是我想要的生活，但我也只能自己去寻找出路。

当时，有两个地方令我心向往之，一个是南山街10号的海燕杂志社，一个是世纪街76号的大连日报社。我最想去的是海燕杂志社，因为《海燕》是文学期刊，而且我刚有一篇散文获了《海燕》作品一等奖，奖品是一条当时最流行、最昂贵的虎牌纯毛毛毯。我想去海燕杂志社这事还真的被文联领导提上了议事日程，而且那位主持工作的老领导已经把好消息透露给我了。可是，板

1983年12月，入职
大连日报社的证明照

上钉钉的事，却发生了令我心碎的变故，另一个作者听说我要去海燕杂志社，他也十分想去，这让文联领导实在不好权衡，最后就只能是谁都别来了。此前为留校我已被辞退过一次，如今去海燕杂志社只不过是再被辞退一次，上次是跟校长去要说法，把机会给找回来了，这次我还会那么幸运吗？即使有可能，我也不想再费这个力气，于是就装作非常好哄，放飞这只煮熟了的"海燕"。

退而求其次，我想去大连日报社。理由也很简单，除了曾在报社副刊发表过稿子，还因为报社有两位我非常崇敬的老师：于景生和汤家康。20世纪70年代初，两位老师走"五七"道路回城后，一起被分配在市群众艺术馆文学组。彼时的大连，既没有文联，也没有作协，只有一个群众艺术馆。其实，在文学的道路上，我真正开始学步的地方，就是当年的旅大市群众艺术馆。

1973年秋天，我当上公社报道员不久，就应邀参加市群众艺术馆在复县举办的农村歌曲创作班，在那个班上，我认识了艺术馆的音乐老师高冠英。1974年的初冬，我的散文处女作《红蕾》发表在《辽宁文艺》第十一期上，而"红蕾"这两个字正是高冠英老师的笔名。1974年初夏，群众艺术馆又邀我参加在市内举办的儿童文学创作班，我因此认识了文学组组长于景生和组里另外两位老师汤家康和邵雪梅。1974年秋天，群众艺术馆再次邀我去庄河参加歌词创作班，在这个班上，我认识了音乐组组长王亚兰老师，还认识了组里的另一位老师张素勤。1976年秋天，我最后一次参加群众艺术馆在大连湾举办的文学创作班，因为一艘来自上海的轮船张贴着"打倒四人帮"的标语，不知底细的大连港不让这艘船靠岸，

与高冠英老师在干校门口合影

老师们一定感觉中国出了大事，就急忙把这个班提前解散了。

可以说，我对文学创作的许多认知，包括对大连的许多喜欢和熟悉，都来自群众艺术馆，来自这几位曾手把手教导过我的老师们。我永远不会忘记五惠路边的那个小院子，它在我心目中就是一座艺术殿堂，那涂着深红油漆的墙壁、斑驳的木质玻璃门、时有时无的钢琴声、窗前那几棵老树洒下的浓荫，以及每次去艺术馆老师们送给我的那些电车票，至今仍刻印在我所有关于文学记忆的扉页上。

当然，我尤其记得1974年初夏的儿童文学创作班，时间长达一个月，地点在青泥洼桥的一个部队招待所。正是这一场机缘，让我和于景生、汤家康老师成了忘年交，而且因为他们的女儿于虹和汤三三正好和我同岁，她俩当时又都下乡在我姥姥家那个村，我舅舅还是那个村的支书，我和她俩便成了无话不说的小

闺密，一直到现在大家见面说笑，仍然还带着70年代春山秋野的气息。

后来就是高考翻车，我在大连三院疗伤两个多月。在这个城市，有两拨人探视最勤，一拨是当年与我一个班的"五七"战士子女，他们大多回城当工人，或下了班往医院跑看我，或星期天在家做了好吃的（大多是包韭菜馅的虾仁饺子）给我送来；另一拨就是于虹和三三，于老师和汤老师偶尔也会来，而且必是带着大大小小的饭盒。得知我被录到旅大师范，于老师立刻为我感到不平，建议我报辽财的走读生。我说走读没地方住啊，于老师就说，可以住在我家里呀。于虹也为我着急，她想起一个中学同学的爸爸是辽财的领导，就非要带着我去见她那个同学。于是，在他们父女的催促下，我填了走读申请表，在走读住址一栏，写的是于老师的家，与本人关系一栏，写的是"亲戚"。其实，于老师家只有两室，没有一厅，小女儿跟老两口住朝阳的大间，老大和老二住背阴的小间，各睡一张小单人床。在等待消息的那几天，我一直就住在于老师家，跟于虹挤在一张床上。这样的条件，根本不适合再加上我，可是于老师为了让我读上大学而不是中专，坚决让我住在他家。辽财的消息很快就传来了，因为是异姓，因为不是直系亲属，因为没有大连户口，我的走读申请没有获批。

但是，我要说的不是走读是否成功，而是说我为什么要去大连日报社，因为大连日报社有于老师和汤老师。于是，我把在报刊上发表过的作品原件装了一个包，送给在报社总编室当主任的于景生老师。我的命运转机，就在于他把这个包送给了《大连日报》当时的总编辑吴向春。我就这样，因为去不成海燕杂志社，改去大连日报社。

上班之前，于老师给我打来电话，说吴向春总编看过了我的作品，认为写得非常不错，他想知道我喜欢去报社的哪个部门。我说，想去文艺部当编辑，去不了就上农村部当记者。不久即回话，让我去文艺部报到。

报社在世纪街76号，门前有一个小广场，周围的建筑都是年深日久的样子，因为这里过去是满铁总部机关所在地，报社大楼内的格局并无多大改变，仍留有过去满铁机关报的印迹。报社编采部门都在三楼，总编室、理论部、文艺部属于编，跑战线的报道部属于采，采的工作由记者完成，编的工作由编辑完成。文艺部的全称应该是文学艺术副刊部，文学占的版面大，艺术

1987年，青涩纪念

其实就是为活跃版面所做的插图，有时是美术作品，有时是摄影照片，有时是书法或篆刻。在报社待久了，始知正刊和副刊不一样，最大的区别就是正刊受重视，因为受重视而热闹，不会在一个部门、一条战线干太久，工作变动之大、升迁之快、与社会交往之宽，真是非我所能思量。副刊就不一样了，稳定而有些落寞，干什么都被当作副的，即使分鸡蛋也是排在后面领，这种边缘感和次要性，让我觉得很舒服、很自在，所以，我从来没想过

要换一个部门，一直就待在文艺部。

文艺部负责的副刊版面有两种，一种是文化副刊，一种是文学副刊。文化副刊编采合一，因为它要报道文艺演出、文化活动，写明星和名家专访。我选择的是文学副刊，没有采只有编，我不但一直是文学编辑，而且主要是编散文。文学副刊的刊名叫《星海》，在我的案头，永远摆放着三个筐：来稿筐、备稿筐、退稿筐。除此之外，还有两个大本子，一个是来稿登记册，一个是退稿登记册，不但把作者的姓名、地址、电话记得一清二楚，也把来稿和退稿时间写得分毫不差。我与汤家康老师在一个办公室，这些是我看着他的样子学的，也是他教给我的。他说，这么做是对作者负责，也是对报纸负责。

20世纪80年代，作者来稿都是手写，确定不用的稿子，一个月后必须给作者退回，而且还要附一封信说明退稿理由。记得，我第一次处理退稿时，主任让我发信之前送给他过目一下。那次我一连给十二个作者写了十二封退稿信，部主任看完之后，在部里开会表扬了我，说我给作者写信非常认真，提的意见非常准确。进报社之后，这是我第一次受到表扬。

作为《大连日报》记者，我曾在此植下一棵树

说到编辑，我还

会想到一个人，当年，她是《辽宁文艺》的编辑。《辽宁文艺》的前身是《鸭绿江》，"文革"中改叫这么个名字。1990年春天，一个小雨蒙蒙的日子，我去沈阳领辽宁散文"丰收杯"十年大奖。管文化的副省长说，他发了无数的奖杯，这一次最漂亮，孔雀蓝色的玻璃磨花，孔雀蓝色的我的名字，都刻在那个奖杯上。喜悦之余，我把目光洒向四周找她，却听人说，姜郁文早已离开鸭绿江杂志社，去博物馆过退休后的时光了。

我想不出她会不当编辑，更想不出她会退休。1974年夏天，我迟疑又迟疑地走进大连中山广场南侧那座窗和屋顶升空般高远的欧式建筑。她正坐在一个房间里等我，在她手中，是我那篇生平第一次投进邮筒的散文《红蕾》。那十九岁乡村女孩羞涩而又膨胀的渴望居然使她惊奇，一个电话把我从乡下喊来，为的是让我改一下稿子再寄给她，也是想看看我这个乡下小村姑是如何土气、傻气或者灵气。

那天太热太陌生，她跟我说了许多话。我第一次知道这世上有一种职业叫编辑，而编辑就是她这样的，不年轻却很文静，穿一件白色夏衫，偏分的短发一边夹一个小卡子，笑容如柔月，如母爱，如遥远的理想。

就是这个夏天的印象，决定了我一生的热爱和抉择。十年以后，我也做了编辑。每天早晨，当我安坐在桌前，看刚刚出版的报纸，看副刊上经过我的手编发的作品已排成铅字，就想起印在红地毯上的白色夏衫。记忆越来越抽象、越来越单纯，那个笑容如柔月、如母爱的女编辑，已在我心里凝成一座神圣的金像。

桌子上的三个稿件筐总是满的，每天早上面前又会有一摞新来的稿件。我想让它们在信封里多待一会儿，可是作者似乎在信封剪口处探头探脑了，就得放下手头一切正在忙的工作，停止正欲拨出的电话，甚至不能去想答应女儿买电动娃娃的事，因为有一个笑容在不远处看着我。

稿件不论是厚厚的，还是薄薄的，打开一份就有一篇或长或短的序言，就有或熟悉或陌生的扑面而来的问候。有时候，正看稿子，突然滑出一张邮票，还有几句酸味的调侃，眼前顿时就出现一双苛刻的目光，在监视我是否把它不屑地往纸篓里一掷。于是，心就有一种被伤害的感觉，我才明白，一个编辑的笑容竟是在尝遍了各种滋味之后，再香甜地开放！

许多瞬间智慧闪闪发光，却如卖肉婆案板上的白膘，零零碎碎地给顾客添秤了。我甚至没有一块属于自己的时间，甚至没有一角属于自己的安定，坐下静下，写一写署上自己名字的文章。然而，日日月月的给予，总可以在一些时刻里得到收获。每当圣诞、元旦、春节，各式各样的祝贺便如约而至，那份宁馨、那份吉祥，便感觉像牧羊人走到了草场，劳作者走到了金秋。由此，我便读懂了那个留给十九岁女孩的笑容。

我和姜郁文老师只见过那一面，后来在杂志上读到她的一篇散文，回忆与张志新一起在五七干校的日子，说这位后来被割断喉咙的烈士当年曾送给她一条红裙子，看似写张志新的时尚新潮和不拘一格，其实是写两个女人之间的友情与馈赠。我想，这条红裙子一定与她的笑容有关，与她的职业有关。因为我家的小客厅也总有人敲门，有时打开就是一束鲜花，有时打开就是一张矜持羞怯的面孔。一位淘马葫芦的女工参加《星海》副刊征文，我让她改了又改，最后获得了一等奖，她无以回报，就在我家一大堆毛线里挑出几团，亲手给我织了一件漂亮的毛衣。一位老兵，离休后与海结缘，在他七十岁时，我给他编发了一篇写海的处女作，于是，他与老伴儿夜访我家，真诚地说，以后忙了或者出差，孩子交给他们带……编辑是个特殊的角色，在编辑的眼中，不只有作品，还有写作品的人，这是两种不同的人生际遇，也是两副不容挑拣的重担。

编辑是一种日常性工作，还有一种非日常性的工作，那就是举办各种文学活动。1991年秋天，我想在《星海》版策划一个全国性的散文大赛，只是搞这样规格的大赛，需要一笔赞助费，可是找谁合适呢？正巧一个朋友告诉我说，我在《人民日报·大地》副刊发的那篇《我的五彩城》在开发区引起不小的震动，完全可以让开发区赞助，如果他们有这个意向，大赛就以"五彩城"冠名多好！于是，在这个朋友的引荐下，这事真就一拍即合！不过，赞助方有个要求，为了突出国家级水平，必须邀请冰心先生担任顾问，邀请巴金或秦牧先生担任大赛评委会主任，诸位评委也必须都是国内名家。这对我绝对是一个挑战，

当了近三十年副刊编辑，最难忘的就是去冰心先生家请她给"五彩城"散文大赛当顾问

因为我从未主持过这类活动，对这几位大家也从来都是遥遥仰望，对他们能否答应心里一点儿底都没有。但我还是把赞助方所有的要求都写在大赛方案里，然后就开始组建这个豪华的评委阵容。我在文坛是小字辈，只能先找我熟悉的老师，再由老师转个弯帮忙邀请，最后终于获得冰心和秦牧两位前辈大家的支持，并有北京、上海、广州、沈阳、厦门等八位著名作家同意出任评委。首战告捷后，我便在北京和全国其他城市的媒体上刊登征文启事，一时间参赛的稿件真是雪片般向大连飞来。为保证大赛稿件质量，我趁热搞了一次五彩城笔会，邀请七位海内外著名作家来大连开发区采风。在大赛开始之前和结束之后，我还曾两次去北京拜见冰心先生，一是听冰心先生讲她与大连的深缘，二是请她给大赛题写"五彩城"这三个字。在冰心先生面前，我感到自己是文学的孩子，而她是文学的老祖母，不用说话，她坐在那里，就是一盏温暖的文学之灯。

1992年夏天，在五彩城与秦牧、紫风夫妇合影

记得，这次大赛历时七个月，收到二千三百多篇作品。除台湾以外，全国各个省、自治区、直辖市，都有来稿参赛，美国、日本、澳大利亚等七八个国家的华人也命笔应征。其中，有很多参赛者是

知名教授、著名作家、刊物主编，甚至是地方官员。秦牧先生不但担当评委会主任，偕夫人紫风先生专程来大连主持大赛终评，后来参赛作品以《五彩城》为名结集出版时，秦牧先生还亲自为该书作序，他写道："像我这样，有一把年纪并且经历过长期笔耕生涯的人，大概每年都要担任几次征文比赛的评委。对这一次大连的全国散文大赛，我是印象颇深的，因为它的的确确体现了'全国性'。"大赛结束后，秦牧先生两次应邀给《星海》版赐稿，万没想到，在大连开完评审会回广州不久，他就因心脏病急性发作逝世。

1994年，继"五彩城"全国散文大赛之后，我又组织策划了两次全国性的文学活动，一次是中国作家大连笔会，另一次是"大潮人物"中国纪实文学征文。彼时的《星海》版，已然是一个面向全国的开放性副刊。正因为如此，大连日报社给副刊实行特殊政策，专设千字百元的"名家稿酬"，专请汪曾祺、冯亦代等文坛大家当《星海》版文学顾问，这在国内报纸副刊属于开先河的两个举措，许多沿海开放城市的报纸来向大连取经。

我在编辑生涯里，也遇到过一次挫折。1989年春天，在组织上正要提拔我的时候，我在那场风波中加入了上街游行的队伍。于是，文艺部副主任这个副处级职务，一直推迟到1993年才落到我的头上。1993年，报社根据市场需要，决定把文艺部创办的周末版分出去，独立成一个周末部，让我选择去周末部还是留在文艺部。我当然要留在原地，因为《星海》版是文艺部的主打，也是副刊的传统和本色，周末版却有新闻色彩，甚至是商业色彩，我害怕这种喧闹和短命的流行搅乱了我工作的心境，影响了我对文学的坚守。也许是因为一个部变成两个部，需要有人干活儿，我这个被冰冻了整整四年的敏感人物，终于当上了文艺部副主任。当然，所谓的挫折，不是耽误了我并不在乎的升迁，而是那场风波给我内心带来的冲击和影响。正因为经历了思考，我在精神上成熟了许多，也在文学上自觉了许多。1996年，我去东北游走了大半年，正是这一次对肉体和灵魂的放逐，催生了一部与我以往的写作经验完全不同的《独语东北》，并因此获得第三届鲁迅文学奖。荣誉的到来始料未及，我把它看成是上天对我的眷顾和恩赐。

如果说，在此之前的写作我都是在编辑工作之余随性而为，那么自《独语东北》开始，我总算在创作上有了大块的时间。当时，我先是向文联领导报上了这个写作计划，他们便找报社领导帮我请了半年创作假。报社领导不但慷慨地给假，还让人事部门给我开出十几张空白介绍信，让我有困难就填写一张介绍信，找当地的报社提供帮助。这对我是多大的信任啊！所以，我真的感谢报社，在我眼中，它始终是一个让我特别有归属感的大家庭。尽管报社的工作节奏急促，尽管

在去长白山的路上

市委机关报这个特殊角色决定了它的各种管制极严，可它对我总有一份特殊的包容和温暖，让我在《星海》版当文学编辑非常心安，让我写作的业余爱好非但未受一点儿歧视，反而得到足够的尊重和支持。尤其是我的几位老主任——张德言、李宝侠、张景勋、韩纯义，他们是看着我成长的，而且是想方设法让没有本科文凭的我一次次破格参评编辑职称的。我当副主任的时候，与老主任韩纯义搭档，两个主任各值一个月的班，轮到他值班的这个月，他总是让我在家写东西，即使这个月是我值班，他也尽量替我顶着，让我抓紧时间写东西。

最难忘的是1997年，游走东北回来之后，我一边坐在家里写《独语东北》，一边在《大连日报》上连载。如果没有报社的支持，没有老主任给我版面，二十万字的《独语东北》不可能在出版之前抢先与大连读者见面。可以说，我之所以在《星海》版守了二十七年从一而终，我之所以守着散文这一写作样式不离不弃，就是因为我背后有《大连日报》，它让我不求非分、知足常乐。

20世纪末，报社人事制度做了一次重大改革，主任和副主任都要竞聘上岗。这样的竞聘，我经历了两次，一次是1998年年底，第二次是2000年年底，两年一次，两次我都参聘同一个位置：周刊部主任。此时，文艺部与周末部合并，改称周刊部。新世纪初，新闻媒体非常活跃，各家报纸都在把标题变大、照片变大，新闻第一次由记者时代变为编辑时代，由读文时代变为读图时代，所有的版面都在比拼谁更有视觉冲击力、谁制作的标题更雷人、更炫目，新闻也成了注意力经济。作为周刊部主任，我不但要兼党支部书记、参加各种会议、填写各种表格、考勤，还要负责给部里二十多人创收。这实在不是我的专长，也不是我想要的生活。所以，经过深思熟虑，我向报社编委会提出辞去部主任职务，在部里只做一名普通编辑。报社领导当然不接受这个辞请，一番劝说之后，见我去意已定，只好给我提出一个要求，你可以不当主任，但你要以你在国内的影响力，保住《星海》版的文学品质。如果可以做到这一点，你可以坐在家里，不用每天来报社上班。以前没人享受过这样的待遇，报社却对我网开一面，这让我异常感动。

总之，在2001年年初，我做出了一个选择，不再做琐事缠身的部主任，而是做一个更适合我的编辑和写作者。

作　家

我认为，一个写作者，在写的过程中必须有长进，既不能重复自己，也不能模仿别人。对于写作者来说，这是一个终生都要面对、终生都在解决的困难。我常常羡慕书法家，他们把字练好之后，可以照着古人的诗词写书法，一幅《登鹳雀楼》可以写一千张行草，还可以写一千张狂草，却每张都可以卖钱。相比之下，写作者就不能抄写别人的东西，写作者只能写自己的东西，写完这一篇，下一次就不能再用了，得赶快写下一篇；即使一稿多投，也投不到几个地方，当然挣的钱就更是可数的了。所以，在我看来，写作者是最累的，写作者必须具备非凡的创造力，这个创造力就是写作者的看家本事，没有这个本事，就会格外地吃苦。

我不是一个非常能吃苦的人，我只是一个比较执着的人。在写作这条道路上，我走过的时间太漫长了。从1974年发表第一篇散文，至今已经四十余年，而我开始写散文的时间不止四十余年，足可见我在散文这眼井里陷得有多深。但是，我写的时间虽然长，写出的量却并不多，因为我一直就没有把自己当作职业作家，而是一直把写作视为业余爱好。由于我总有这种业余的心态，所以我在写作的时候就不那么紧张，一切顺其自然，保持了一颗平常心。即使有新书出版，对开不开研讨会、去哪里开研讨会、找谁开研讨会，以及评不评奖、在圈子内有没有位置之类，我一直也是比较看淡的，有也行，没有也可。

然而，我也不是对什么都不在乎。我最在乎的是我自己能否写出好东西、我有没有

与莫言合影

出席中国作家协会第八次全国代表大会

与辽宁作家团在悉尼

参加加拿大国际研讨会合影

2004年春天，在大连与北岛合影

2006年，与李存葆（右一）、周涛（左一）在作代会合影

与毕淑敏（右一）、邓刚（左一）在獐子岛

力量写出好东西，也就是说，我在写作上有没有长进。只要我感觉到了我还能写出好东西，我就非常知足、非常快乐。我希望我心里始终有这个底。

从1990年出第一本书至今，专集或选集总共出了十五本，但我觉得我就写了三本书。因为我从这三本书里看见了我的长进、我的不同、我的潜力、我的清醒。我不是像螃蟹那样横着走，而是像水银那样直着升。这种长进当然是自己与自己比，要是跟别人比，我可能就不敢写了。比如我很喜欢上书店，可是在书店里我只敢看别人，不敢比别人，比别人会让我十分气馁，不再自信。所以我总是自己与自己比，自己给自己打气。

我说的三本书，一本是《北方女孩》，一本是《素素心羽》，一本是《独语东北》。

记得1990年春天，当《北方女孩》出版的时候，我已经向它告别了。但直到现在，许多人仍不赞同我告别《北方女孩》时代，许多人至今仍认为这本书是我最好的作品，不希望我改变那种纯真、那种香甜的风格。可我真的实在是回不去了，而且我再也不喜欢那种没有痛感或将痛感隐蔽起来的表达。只是在此之前，它早已宿命般地预先埋设在我成长的过程里，我无法跨越，只能经历。

第二本书《素素心羽》出版于1994年，当这本小书呈现在我面前的时候，我已经决定向我深爱的"女人"挥手再见。有意思的是，许多女性读者喜欢看我写女人的散文，许多女人成了我的铁杆读者和支持者，她们希望我永远写下去，而不愿意放我走开。在这个城市，我经常被请去讲课、做报告。区街妇联组织、校园里的大学生、公司写字楼里的白领、女子健美中心或俱乐部，都请我去说说女人。关于女人，我有好几个版本的讲演稿，它们不外是关于爱情、关于婚姻、关于现代女性素质的话题，我曾经把这些话题看成是这一时期写作的副产品。因为与"女人"

在电台做节目

1996年，在上海书店签售《相知天涯近》

纠缠厮混得太久了，所以，当我要离开《素素心羽》里的"女人"而去写《独语东北》式的文化类散文的时候，她们居然十分愤怒，说我怎么突然变得像男人一样生硬。这个看法显然是偏激的，说明女人大多喜欢感性，拒绝理性。可是对于我个人，这一次离开与上一次离开是同样的感觉，就是自己不能再忍受自己横着走。

实际上，生命从一开始，就是在与所有我们所经历过的东西告别。有告别，就有成长。正如前面所说，写《北方女孩》，让我告别了乡村；写《素素心羽》，让我告别了"女人"；写《独语东北》，我将再向哪里走去，又将向哪里告别？

其实，从1998年写完《独语东北》，我就一直没有离它而去，也一直无法与它告别。你可以说我没有长进，可是我知道是它让我成熟了。我情愿与它不分开。记得女作家马晓丽曾十分羡慕地对我和孙惠芬说，你们一个写东北，一个写歇马山庄，这两个地方可以成为你们一辈子的精神家园和文化归属，对于写作者，这是最好的东西。的确，人生是一种寻找，1996年，在步入不惑之后，我找到了东北。

结集后的《独语东北》，于2001年在百花文艺出版社出版，于2005年获鲁迅文学奖。有人说是实至名归，有人说是幸运，我认为这两者都有一点儿。因为《独语东北》是我的一次突围，我也的确写得非常用心。于是，有评论家说，它是"近几年散文创作中一个值得注意的事件"。从此，我更加信守一个原则，不要为写了多少而奔忙，更要为写出了什么而努力。

我在前面说了，我一直把编辑和写作视为天职。但是，我的编与我的写一直是分出主次的，我的主业是编辑，我的写作是副业。真正获得作家身份，是在辞去部主任之后。

与贾平凹在鲁迅文学奖颁奖仪式上

2001年4月，我一边游走在辽南的乡间野地，走访辽东半岛古人类和祖先们住过的山洞、村庄、城堡，

小珠山遗址被掩蔽在青纱帐里

一边向与我一直保持联系的名家们约稿。此后不久，我便在《星海》版开了两个专栏：一个是我自己写的《访问乡土》，一个是我约稿主持的《大家》。《大家》专栏每周一篇，接连开了两年，每篇都有我写的主持语，它应该是《大连日报》副刊史上大家最多、文学含金量最高的一个专栏。《访问乡土》专栏也是每周一篇，我一共写了九篇，后来收入我的新书《流光碎影》，在书中单列为首辑——《从山洞开始》。记得，因为开设《访问

傣乡采风

乡土》专栏，我第一次感觉自己既有自由的时间，也有自由的
空间，就看我想写什么、想怎么写了。

1999年春天，去草原采风，在敖包前

其实，《流光碎影》是
对《独语东北》的延伸或细
化。1996年春夏，我一边在
大东北的原野山地里行走，
一边回头看我所在的辽东半
岛，当时就暗自决定，写完
了《独语东北》，就把目光
收回到辽东半岛南部，下一
本书要写写家门口这一小块
乡土。所以，辞职之后，我
马上就开始"访问乡土"。

我无法解释命运是否暗

藏玄机，但是它真就在一个恰当的时候现出真容。我本来想，写完了周边的乡土，回头就写这个城市。就在我踌躇着如何进入这个城市之际，分管城市建筑的副市长通过别人找到我，让我为一本由他主编的画册撰文。这本画册之所以吸引了我，是因为它收录的不是美术作品，而是艺术摄影：一百零一个市级重点保护老建筑照

走在大连老街上

片。它们一下子让我找到了北，我马上开始以文字的方式潜入这个城市的底部，从历史建筑入手，打捞这个城市的原稿。

2002年，我用了一年时间遍访城乡的老建筑，搜索隐藏在它们背后的故事。那一座座面孔沧桑的建筑，就这样有血有肉地灵光起来、立体起来，构成了一部城市的编年史。静态的画册出版之后，这位副市长并未罢手，还想制作一个动态的纪录片，仍邀我给这部纪录片做总撰稿。"建筑是凝固的音乐"，我给这个片子取名为《凝固的记忆》。然而，片子不需要那么多的文字，而且许多有价值的细节也因为字数和时间的限制不得不割爱，那些被剪掉的文字和细节就成了我的心头肉，所以在片子做完之后，我还是要回到老本行，即给这个城市写一本书，于是就有了后来的《流光碎影》。

2005年，纪录片《凝固的记忆》新闻发布会

　　写解说词与写书是两回事。正是写这本书，让我知道了什么叫"近乡情更怯"。也许因为对乡土的好奇，也许因为对历史的惑然，当我在电脑上排列出与之有关的标题和词语时，它们竟让我不由自主地紧张和小心。也正是写这本书，让我知道了什么叫熟悉的陌生。那些日子，不论是在山野间实地察看，还是在书页里逐字阅读，看似闭上眼睛都可以摸得到的地方，看似耳熟能详的人物和事件，却让我对自己的空间感和记忆力产生了怀疑。乡土虽近在眼前，我对它却所知甚少。

　　大连，它的概念除了是一座城市，还是整个辽东半岛南部这一方水土。若是看历史的长度，中华文明史的每一个时期，大连地区都没有缺席，它总是以自己微薄的姿态与中原遥相呼应；若是看文化的厚度，由于大连地处辽东一隅，这里是古代的蛮荒之地，又是少数民族与中原争夺最激烈的地方，经过无数次的消失和无数次的重建，至今仍能够留下来的东西的确是相当稀少。因此，就古代史而言，大连地区的经济与文化只是存续着，其繁荣程度，无法和中原相比。

就城市而言，大连自近代始有。应该说，大连的地理条件，决定了大连是一座近代城市。作为近代城市，它又追在旅顺口之后。19世纪末，李鸿章在旅顺口建北洋海军基地，这座闻名于世的不冻港一下子吸引了东西方列强的眼球。于是，这里成了甲午战争和日俄战争的主战场。也正是这两场战争，令旅顺口和大连沦为俄、日殖民地近半个世纪之久。

当然，我不是专门研究地方史志的学者，我只是一个对大连历史感兴趣的本土作家。所以，在写《流光碎影》的时候，我仍然以那些具有时间性和空间感的建筑为对象，叙述辽南的乡土史和城市史。事实上，所谓的乡土，所谓的城市，都因为有各种形态的建筑在场或曾经在场而生动，它们既是历史的证人，也是历史的书写者。现在，它们以各不相同的姿态，顺从地被我一个一个地排列出来，成为每一篇文字的主角。

记得，2003年春夏之间，在SARS闹得很凶的那段日子，我有许多天是坐在市档案馆的大楼里查资料、找照片。像是一种偷窥，大连的过去被密封在这些书页里，虽然只看见了冰山的一角，我也觉得很快乐。为《凝固的记忆》做总撰稿，写《流光碎影》，我竟在其中沉迷了六个年头。我第一次这么自觉地来了解这个城市，我也是第一次这么耐心、这么切近地来抚摸和端详生养自己的乡土，这个经历，将让我今生受用不尽。

2008年初春，《流光碎影》出版，因为里面有一部分写的是旅顺口，省作协领导看到此书之后，建议我单独为旅顺口写一本书，并给我申请了一个中国作协重点扶持项目。不容分说，中国作协很快就寄来了一个合同，让我在上面签字。刚刚从一场劳累里解脱出来，另一场劳累又来了。此后，满脑子都是旅顺口。

然而，我还是想给自己放个假，让身心轻松一下。2008年6月18日，我去北京参加女儿的大学毕业典礼，第二天，就带她做了一次北欧之旅。想不到，在遥远的北欧，竟有那么多世界文化遗产，短短十几天时间，竟看了好几个文化遗产地。若给这几个文化遗产地排名次，印象最深的就是芬兰堡。

1747年，斯德哥尔摩国会决定，在赫尔辛基外海的小岛上建一座军事城堡。彼时，芬兰尚属于瑞典国土的一部分。城堡的设计者是一个炮兵军官，名叫奥克斯丁。赫尔辛基外海，有大大小小六个岛屿，他计划在这里修建一座链式连接的防御性城堡。1772年，在他去世之前，这座城堡终于建成，取名叫瑞典堡。

瑞典之所以要在这里建一座链式城堡，目的就是防御俄国对芬兰的入侵。在海盗出身的瑞典人眼中，俄国人虽然是个乡下小混混，却总想往北欧扎堆，所以不得不防着。然而，他们把目光

2012年春节，与女儿出游

在芬兰堡

指错了方位。1854年，英法两国趁着俄国还未动手，抢先把炮口对准了瑞典堡，一场不期而至的克里米亚战争爆发，瑞典堡被炸得千疮百孔。那石质的城墙、混凝土的堡垒、克虏伯式的大炮，都明显弥散着那场战争留下的气息。

20世纪初，俄国太平洋舰队在旅顺口败给日本联合舰队，因为在远东吃了大亏，便把大炮指向了波罗的海国家。1908年，驻守城堡的瑞典军队因为国家已经势弱，不得不向俄国投降，这座城堡随之变成了俄国的战利品。可是，时隔不久，涅瓦河上传来了一声炮响，沙皇被推翻了，芬兰既挣脱了俄国，也不再是瑞典的臣民。正是芬兰的独立，使瑞典堡改名为芬兰堡。

我看见，矗立着芬兰堡的小岛上有一条八公里长的城墙，还有上百门古炮。许多小城堡改成了知名的博物馆、餐厅、咖啡室和访客信息中心。来这里的人络绎不绝，只因为这里是世界上不可多得的军事遗迹，也是世界上现存最大、最完整的海上要塞之一。1991年，联合国教科文组织把它列为世界文化遗产保护区。

战争遗址，属于警世性文化遗产。这个类别的文化遗产，还有奥斯威辛集中营和广岛和平纪念公园，只不过芬兰堡属于近代战争遗址，而它们属于现代战争遗址。当然，就承载的给人类带来的灾难和痛苦而言，芬兰堡与二者无法可比。不是时代不同，也不是记忆误差，而是现代战争具有工业性，也就具有更大的杀伤力。它们能这么早就申遗成功，让我感到了欣喜和意外，可见人类对战争与屠杀的思考，已经变得主动而理性了。

不过，我也有一丝迷惑。日本军国主义者曾经把日本这个国家变成了一头战争狂兽，它把广岛申请为世界文化遗产，总有一点儿贼喊捉贼的嫌疑。美国的确不该把原子弹投到广岛，然而日军屠杀别国百姓的数字，早已超过了死于这两颗大当量原子弹的人数。一个从来不知道反省的国家，却来教导别人以广岛事件为鉴，怎么看都不令人放心。

正是这次北欧之旅，让我看到芬兰堡与旅顺口有许多相似之处，它们都是海防性要塞，都属于近代战争遗址；要说不同，就是芬兰堡已经申遗成功，旅顺口却想都没想这回事。"一个旅顺口，半部近代史。"我们都在这么说它，却为它做得甚少。正因为如此，从北欧回来之后，我就去了旅顺口，并在这里住下来，一边查阅史料，一边寻访遗迹。

2009年1月，我一边以作家的身份写旅顺口散文长卷，一边以政协委员的身份起草旅顺口申请世界文化遗产提案，最后是以我所在的文史和学习委员会的名义交给了年初的政协大会。

其实，就意义而言，写不写《旅顺口往事》，我认为没有太大的关系。我不写，别人也可以写，再说，一直都有人在写。然而，把旅顺口近代战争遗迹申请为世界文化遗产的提案，却一定要有人写，而且应该由我来写。看过了芬兰堡，我就一直在想这个问题。我认为，在世界文化遗产的名录里，旅顺口没有理由缺席。

我知道，这是相当漫长的过程。写提案，只是一个开始。而自此以后，我就将无比耐心地等待那个日子：旅顺口与芬兰堡比肩而立。这个问题，我之所以留在《旅顺口往事》的后记里写，主要是想把当年正式成文的提案，以及有关部门对提案的答复，

2012年，写作《旅顺口往事》

一起附在《旅顺口往事》之后，我想用这样的方式，为旅顺口遥远的申遗之路，提供一个原始凭证。

曾有朋友问，在这本书里，为什么总是叫"旅顺口"，而不叫"旅顺"？我说，"旅顺"是口头用语，人们约定俗成地把最不该遗漏的"口"字给省略了。"旅顺口"是书面用语，这是明将马云和叶旺的功劳，契丹人给这里取名"狮子口"，两位来自中原的将军把最后一支蒙元骑兵打跑了，还把辽、金、元一直在叫的"狮子口"改为具有汉文化色彩的"旅顺口"。

口者，海口也。我想，如果马云和叶旺率领的十万大军是在陆地上行走，事后习惯地取一个旅途平顺的名字，既没什么稀奇，也没什么紧要；如果这支大军横渡以波诡涌暗著称的渤海海峡而一路平安，就是可喜可赞的大事件了。正因为如此，当年改名的时候，他们只改了前面两个字，以记录大军如期抵达之盛况，却格外小心地留下了后面一个字，以证明大军登岸处是一个具有天然之险的海口。就是说，不论夷族还是汉族，都很在意这个并不宽阔的海口，说明它具有非同寻常的地理意义。正因为前面叫"狮子口"，而有了后来的"旅顺口"。

或许，这个"口"字说起来有点儿绕嘴，民间百姓习惯地把它给省去了。即使那两个不请自来的殖民者，也忽而说旅顺口，忽而说旅顺，大概都是受了民间俗称的影响。不过，俄国人说得少一些，苏联作家斯捷潘诺夫曾以小说的方式写了一部《旅顺口》，在该用书面语的地方，他绝不滥用口头语。日本人似乎更喜欢叫旅顺，也许因为，他们在这里待得太久。

斯捷潘诺夫写的是1904年的旅顺口。我写的是五千年的旅顺口。斯捷潘诺夫写的是小说，日俄战争从开始到结束，只这一件事就写了上下两册。我写的是散文，自旅顺口有史可记开始，不可能只写一件事，而是有无数件可以写的事，于是，它们被我以时为经，以事为纬，以散文的方式，以分卷的格局，组合成一部旅顺口的编年史。

古港、重镇、要塞、基地，这是旅顺口的宿命，也是旅顺口的往事。往事越千年，一页一页看，事事难忘，页页惊心。回首往事——这本来是我写旅顺口的姿态，却印在了这本书的封面。

当然，对我而言，写五千年的旅顺口，既是一次文字的历险，也是一次生命的考验，可我还是把自己逼上了危途。就像许多年前，为了离开熟悉得有些犯腻的"女人"，我独自一人向东北的白山黑水闯去那样。那一次，我是对一大片神秘地域的寻访；这一次，我只想在旅顺口挖一眼深井。

　　尽管旅顺口近在眼前，耳熟能详，可我还是采用了一种极其原始的劳作方式，就像在田间山野挖苦菜或拾荒那样，日出而作，日落而息。在这里的每一天，我的脚步都非常匆忙，目光也格外纠缠，生怕我的文字被风一样快的变化湮没。情况比我想象的要好，与别处相比，旅顺口的节奏相对舒缓了一些。住在这里的日子，我阅读，我行走，我思考，它始终以一颗老友样的平常心善待着我。旅顺口是一条时光隧道，所有的岁月和故事，都在这狭长而深远的空间里穿行和发生。无论我想知道什么，都要通过它，找到入口或出口。

　　在漫长的古代，旅顺口始终保持着一座天然古港的素仪。对中原而言，它是招慰道上的一个驿馆；对边夷而言，它是朝贡道上的一个客栈；对战争而言，它又是交锋对手的必争之地。曾有数不清的人在这里停留或路过，正因为这样，它给了我太多的思资和写资。

坐在旅顺口解放塔前

说到近代的旅顺口，许多中国人会有一种生理上的不适或疼痛。其实，我也一样。为了写这一段的旅顺口，我要从鸦片战争的历史开始阅读，甚至还要再往前一些，比如那个名叫马戛尔尼的英国使臣，以及他不肯给乾隆皇帝下跪的故事。当中国人的生活被鸦片和炮弹改写得一塌糊涂，旅顺口的上空也就此罩上了不祥的黑色。

然而，在我看来，真正让中国威风扫地、颜面丢尽的不是鸦片战争，而是甲午战争。清政府知道，中日之间早晚会有一场厮杀，便提前在旅顺口大兴土木，用十多年时间，花上千万两白银，重金打造了一座北洋重镇，巨资购买了一支北洋舰队。公元1894年，当那场战争不期而至，形似大清铁岸的旅顺口，却如纸糊的牌玩儿，一捅即破。比《南京条约》更耻辱的《马关条约》，不但把中国的家底败了个精光，也把清政府的腐朽和衰弱昭然于天下。负责看守大门的旅顺口，刚想扮演一个以身护主的家仆，却做了入侵者的刀下鬼。

诗人闻一多曾写过一首著名的《七子之歌》，旅顺口是其中的一"子"，每年的反法西斯胜利纪念日，这里的孩子都在用稚嫩的童声反复吟唱。的确，有半个世纪，它是别国的要塞、别国的殖民地，有将近十年的时间，仍然是别国军人在这里站岗巡哨。许多建筑的门牌，许多街巷的名字，都是换了一次又一次。普天之下，还有哪个地方的回归之路，如旅顺口一样漫长而曲折？

旅顺口既是一部读不尽的大书，也是一本写不完的长卷。其实，有关它的所有故事，既是发生过的历史，也是并没有结束的历史。因为旅顺口最大的悲剧，上演于近代；中国的悲剧，亦自近代开始。因为旅顺口是留在中国人心灵里的一道伤口，什么时候碰它，什么时候流血。

读旅顺口，心脏常常感到窒息般的闷；写旅顺口，手有时会抖得敲不了键盘。我由此知道了，什么叫不能承受之重。我也由此知道了，冰心晚年想给甲午年殒命的福建子弟们写点儿文字，为什么草纸上只字未写，却泪下千行；当年邀秦牧先生来大连，为什么他在电话里要问，可不可以去旅顺口。

我认为，旅顺口和大连互为表里，《流光碎影》和《旅顺口往事》说是两本书，写的其实是一个地方——大连。大连的概念除了是一座城市，还是整个辽东半岛南部这一方水土。民间早有一个说法：先有金州，后有大连；另外还有一个说法：先有旅顺，后有大连。其实，这两个说法都对，只不过前一个说的是大连的古代史，后一个说的是大连的近代史。

十几年来，我作为一个作家，一直在解读大连，解读旅顺口。曾有人说，我这是在为城市的文化打工。我说，我喜欢做这个城市的文化民工。我如此心甘情愿接受这个角色，就因为这是一个有责任和担当的工种。

2008年，我是奥运火炬手

大连作协三位主席合影

结　语

　　第一次这么正式地写个人自传，原想好在我是写散文的，把以前写的散文找出几篇，再按时间顺序组合起来，就是一部个人史，我只需写个引言和结语。其实不然，我还是认真地在电脑前坐了下来，颇费心血地回望自己的人生，对已有的文字做了修改和订正，也写了许多过去不曾触及的经历，为了更像是我的自传。

　　能与"金苹果"奖得主一起出自传，能在我六十岁的时候出自传，我感到非常幸运，我也将格外珍爱。

　　感谢这个城市，让我们这里盛产的苹果成为一枚艺术的徽章，让"金苹果"的荣誉感以如此美妙的方式绵延。

慧眼识珠

素素本人和她的散文都是质实无华的，给人以"素面朝天"的艺术感受。就像一个农人的深耕细作，也如一个艺术家的精雕细刻，素素坦诚真率地生活着，描摹和刻画着她心中的风景与人事。

东北在素素的心中

○ 谢有顺

对于东北，我们除了在洪峰、迟子建等少数几个作家笔下，可以亲见一些它刚毅而粗犷的表情以外，更多的时候，它似乎都处于沉默之中，或者被所谓的主流文化阔大的身影所覆盖。尤其是在经济增长和西方话语优势成了我们生活中无可辩驳的神话的时代，东北也不幸地成了一个边缘的区域，它的历史、它的苦难、它内在的生命活力，一直没能被真正地照亮。当无限度的现代化正以民众急功近利的心理为基础，在中国的每一个角落展开时，大多数的东北人同样对它报以热切的眼神，再也无暇顾及自己赖以安身立命的大地上那些精神的细节。因此，素素把这部解读东北的散文著作取名为《独语东北》，是准确的，意味深长的。

我喜欢"独语"二字。素素的意思，我想，并非指只有她一个人独自在解读东北，而是由此强调她的解读是个人的、独立的、与自己的内心有关的。个人的眼光、心灵的自觉、精神的敏感，在我看来，是散文写作的命脉所在。离了这些，写作就很容易陷入集体主义和社会公论这种旧话语制度的支配之中。我感到惊异，当文坛私密话语盛行，女作家普遍都转向私人领域寻求身体细节的援助时，为何同样是女作家的素素，却逆反着这个方向而行，决心从私密话语的后花园出走，以寻找更为广阔的精神空间？

> 我有一个计划，先读东北，然后走东北，再然后写东北……东北是我的母土，我得了解它，懂它，然后描述它……我向自己挑战；用女性的笔去写雄性的东北。
>
> ——《独语东北·自序》

大胆的行动开始了。那是在1996年5月中旬，外表文弱的素素，经过几个月的案头准备之后，独自一人背着旅行袋向东北的深处走去，四个月后，才"满脸尘土、皮黑意倦"地回到大连。我把素素的这一行动看作是真正的身体话语，至少也是另一个意义上的身体话语；与别的用身体写作的作家不同的是，素素的身体话语体现为一种精神实践，而其他的作家更多的则是体现为一种身体自赎。我喜欢前者，因为它蕴含着清明的理性、深沉、悲悯，而非仅仅将私人的经验和欲望的细节放大，或者使之无限地升华。

但素素也要面临一个问题：在有关东北这个阔大的命题上，如何使自己的表达不至落入公共结论的阴影中。关于东北的雄性，关于东北雪景的壮丽，关于东北人的豪爽，关于东北的风俗人情，有许多人都写过，都感叹过，素素如何才能从这些俗常的话语中突围？我想起，素素在写《独语东北》之前，也有不少文字涉及东北，比如在《素素心羽》一书中就有这样一段话：

> 走进大东北，就走进真正的北方。走进大东北，就走进冬季，走进粗犷，走进野性的森林。
> 大东北是一种图腾，一种境界，也是一种精神。
> 大东北十分地质感，十分地写意，雄壮得咄咄逼人。

如此的描述听起来耳熟能详，它并不能真正展示素素写作的独特价值。真正的散文写作，最需要警惕的，就是继续依附在陈旧的话语制度上，平庸地谈论一些大而无当的公共话题。只有在语言中将自己那充满个性、自由且有锐利发现的感知贯彻出来，将文字引至思想、心灵和梦想的身旁，精神的奇迹才会在语言中崛起。也正是基于这一点，福斯特才有"假如散文衰亡了，思想也将同样衰亡，人类相互沟通的所有最好的道路都将因此而切断"的说法。今天，散文生产上的庞大数量之所以无法掩饰散文自身的贫乏，就是因为散文的写作普遍落到了公共话语的俗套之中，写作者援用的也多是被文化传统和意识形态暴力作用后的语言方式。个人精微的感觉、独特的心灵敏感、语言的及物能力，以及细节的准确力量，往往被悬置一旁。比如，当下追思古迹、缅怀历史的散文获得了崇高的地位，赞美者几乎无一例外地提到了其中的文化关怀、悲悯之情，然而，这些文化关怀、悲悯之情又有多少来自作者的独创，而非人云亦云？

《独语东北》的许多篇章也属追思与缅怀的范畴。比起素素以前的文字，它更吸引人的地方在于，素素没有停留在以整体主义的方式来理解东北，而是凭借一次走东北的计划，把自己对东北的感情和认知化解到了山川、风俗、人情、历史的细节之中。这是作者对东北的一次语言上的细化和深入，它使作者实现散文写作中的个人性成为可能。尤其动人的是，面对历史和苦难的时候，素素不像一些散文家那样，只专注于王朝、权力、知识分子、气节、人格、忠诚与反抗、悲情与沧桑之类，也不用力去辩明某个人、某个事件在历史上的地位，她似乎对在野的文明、异质的文化情有独钟，因此，她笔下的东北按常规的眼光看来并非正统，而是充满民间意味。

> 东北原本就没有士大夫文化，俗文化一直就是汪洋大海……土匪成为东北俗文化里最叫座的文本。
>
> ——《黑颜色》

> 东北是野性的雄性的男性的，我要将自己浸进阳刚的东北、伟岸的东北，呼吸一些粗糙的空气，给以往的脆弱和阴柔加进点儿刚性的东西，让人生坚强起来。
>
> ——《消失的女人》

于是，素素写到了东北的酒，以及酒中的东北人："酒在东北，就这样汪洋恣肆起来。酒是血管里的血、肉体里的支撑，酒是暗淡日子里的福，酒是绝望之中的希望，酒在苦寒的乡村已自成习俗，酒在雪白雪白的原野则是一道油然而生的冻土景观。

大东北似乎理所当然地就应该是一个纵酒地带。"（《纵酒地带》）写到了东北人抽烟："关东的男人大多是流浪汉，他们自己的人生无规矩，也不去规矩女人，他们宠惯女人的方式，就是任由女人抽烟。关东女人抽烟，还因为关东的土地过于沉闷。女人与男人一样过着漫长的冬季漫长的夜，寒冷和黑暗，同样也折磨着她们。这个时候就需要有烟，烟是苦难里的慰藉。""男人的烟袋，烟锅大，烟袋杆短，便于出远门或干活儿。女人的烟袋杆长，烟锅小，是因为女人秀苗闲散。记得老太太出门时手里的那根大烟袋像拐棍似的，大姑娘的烟袋则是害羞似的藏在袖口里。"（《烟的童话》）写到了东北的二人转："乡间的男人是寡言的，女人的嘴也跟着笨起来。只有二人转，像救命似的，能把那种死气给点着。首先是唱二人转的那套装束，那种大红大绿，就把人的精神照亮了。再就是那男角蹲着走矮子，女角一支一扭浪丢丢的样儿，那种又土又屯的打情骂俏、油嘴滑舌，终于将那些寡言的男人、嘴笨的女人逗得前仰后合。日子仿佛就有了激情，有了乐。"（《移民者的歌谣》）写到了东北的足球："足球是一颗种子，把它播进世界任何一个角落，都会立刻疯长出大火般的激情。"（《看球》)写到了东北先民的逃亡："在公元之初，这个世界发生了许多次全族式的大逃亡，逃亡者大多数是被异族驱逐和追杀，惶惶然无家可归。只有他们不是，他们的逃亡是自觉自愿的，是一种向往和渴望，体面，且有点儿悲壮的美感。"（《痴迷的逃亡》）写到了东北的火炕："东北的冬天太长，火炕太热，养出了东北式的懒汉。乡村的男人在冬天里过于迷恋自家那个热炕头，即使坐在热炕头上，他们也习惯地将两手抄在棉袄袖子里，做出一种猫冬式的姿势……东北的水土太肥沃了，插根筷子能发芽。不愁吃的，所以就有稳坐炕头的理由。进屋一看，缸里盆里，只不过有一些粗粮，温饱而已。这是火炕让人伤情之处。火炕在解救人类的同时，又与寒冷一起阴谋，将人类的精神捆绑得苟且卑琐。"（《火炕》）……

这些，可以称之为细节的东北。所谓在野的文明、异质的文化和民间的传统，就由类似的细节所构成，正是它们，保持了东北人精神上的独立性，并有效地形成了不同于中原文化的关东文化这一异数。个人话语建基于这种细节之上，它就有了非常实在而具体的面貌，不至于仅仅抓住历史话语这条绳索凌空蹈虚。沿着素素所出示的这条秘密通道，我们很容易就来到了东北人心灵的地平线上，惯常所说的雄性、粗犷的东北，已不再抽象，它有了酒、烟、球、歌谣、逃亡、火炕这些物质外壳。由此，我们就能理解为什么素素的文风不像一些人那样玄虚，不像一些人那样追求一种形而上的飘忽效果，她选择了朴素和真情。可以想象，当那些令人惊讶的事物和精神接踵而来的时候，一个诚实、敏感的作家，除了真实地表达它以外，并不能做更多。

素素的写作过程，实际上就是将东北精神不断物质化、不断在内心实现的过程。是她，在散文过程中赋予了东北精神一个真实、坚固的物质外壳。

这一点，恐怕连素素自己都感到意外。她绝没有想到，自己会在东北的精神追寻中陷得这么深。她在《走近瑷珲》一文中说，面对瑷珲这段"沉重的历史"，最初，"我始终觉得我是一个女人，我可以和它保持一点距离"，然而，没想到"走到瑷珲的那个中午"，"我的心被敬而远之的历史烧成了一片焦土"。在《远方的墓地》一文中，"一块沉默了千年的墓地"，高句丽人的古墓群，使作者觉得"那个已经走远了的民族，便又清晰地浮现在历史的地平线上。它的声音，在悠久的时空里回荡；它的人群，在天边无声地涌动"。最后，作者说，"惆怅的阳光，梦乡般的墓地，我踩着一个民族逶迤的脚印，走了很远，走得很累。我仿佛是在追赶一支从未走出我的视野的队伍，又像是为远行的他们送别。在鸭绿江边，在他们当年洗过衣裙的地方，我把汗湿的脚伸了进去。"本来是别人的历史，时间的弃儿，经由素素温婉的叙述，便成了与"我"相关的事件。这样的转换显得非常自然，它不是牵强的升华，而是心灵情不自禁地参与。心灵碰到历史的苦难、文明的碎片，便有了一种被粉碎的感觉，有了难以言喻的疼痛感，它是物质外壳包裹下的一团热情的火，在词语里面，在悲怆、渴望和怀想里面燃烧。于是，我看到，素素的写作表面上是指向遥远的历史、潜隐的民间，实际上，她所有的努力都是为了更好地接近自己的内心，以及内心的疼痛。

　　　　在他们当年洗过衣裙的地方，我把汗湿的脚伸了
　　进去。

　　　　　　　　　　　　　　　——《远方的墓地》

　　这其实是一个象喻，代表素素进入历史的方式。她进入的都不是正统的历史，而是"他们当年洗过衣裙的地方"，这个地方是在野的、民间的、日常的，但代表着更为真实的一面；"把汗湿的脚伸了进去"，大概算得上是一种对历史尴尬的进入，从洗衣裙到洗脚，精神的优美和光明似乎已经远逝，留给现代人的一

个事实是："汗湿的脚"真该由奔流不息的江水洗一洗了。感叹、忧伤、悲悯、焦虑，自然就从历史和民间的缝隙中悄悄地生长出来，往往就是在这个时候，素素的笔触开始闪光。

> 人永远是一个逃亡者，因为在人类的前面永远有一个中原。
>
> ——《痴迷的逃亡》

> 中国的平民墓地则显得随意。生得不堂皇，死也便草率……芸芸众生活着的时候，是英雄身后的呐喊者，死了也是英雄的陪衬。
>
> ——《远方的墓地》

> 关东女人抽烟，因为关东的土地过于沉闷……烟是苦难里的慰藉。
>
> ——《烟礼》

> 实在打不过，中国的皇帝玩"和亲"这一政治手腕，现在是战争让女人走开，那时却因无计退敌，就让女人冲上去。
>
> ——《永远的关外》

> 秋千是女人做梦的地方。
>
> ——《女人的秋千》

这些精彩的个人感悟和精神独语，表明素素的视野没有拘泥于现成的文化结论，而是尽量向心灵、思想和希望的交汇点伸越。所以，我发现，素素起初是以一个观察者和游历者的身份进入东北的，慢慢地，她的角色发生了微妙的变化，甚至在语词里面泛起了忧虑和惶惑。她并不掩饰想通过走东北来汲取东北精神的活力这一愿望，但是，她的理性与冷静也使她发现，她所挚爱的东北有许多让人厌倦的地方。她在"自序"中就说到，某些东北人将坦荡和无知连在了一起，将豪勇和粗鄙连在了一起，他们大多是高大的，看上去有力气，却不能吃苦，看上去有尊严，却过着苟且的日子。"走东北，我常常感到舒展，气畅，有阳光，有时却也觉得窒息，厌恶，焦急。在我的文字里，我有时是乐观的，有时又相当悲观。"

素素正是带着这两只眼睛上路的，一只是乐观的，一只是悲观的。它使得素素不仅是一个观察者，更是一个发现者和沉思者。个人话语之外，就有了许多自由的思绪，甚至还有了若隐若现的悲剧意识。面对婉容（《消失的女人》）、张学良（《空巢》）、淘金者（《老沟》）、高句丽的女人（《远方的墓地》），还有大兴安岭（《绿色的稀薄》）和北大荒（《追问大荒》），还有"旅顺口两万人被挑在（日本人）明晃晃的刺刀尖上"（《笔直的阴影》），作者清楚，仅仅与历史对话是不够的，肤浅的，更重要的是，要在历史的表象上重聚自由、希望和梦想的碎片，并获得应有的悲剧意识，只有这样，历史对于我们才会是一种解放，一种力量的重组。东北有一天才会成为安妥灵魂的地方。

于是，我们从《独语东北》中读到了浓厚的悲情，有一种"怆然而涕下"的感觉，素素散文的高贵品质，由此而显现。或许，正是这种复杂的情感，使素素避免了将东北神化的危险，同时，她使她的散文具有了冲突的力量。

唯一的遗憾也许就是，素素没有将这种冲突以及那些美妙的个人感悟贯彻到底。所以，从精神的自觉方面看，独来独往、天马行空、火星四溅的精彩段落，在《独语东北》中占的比例太少，还是有许多的篇章过于依赖史料，落入了文化散文的俗套。比如，像《走近瑷珲》《痴迷的逃亡》《永远的关外》《笔直的阴影》等文，那些本应是背景的史料，因着作者的转述，全部成了文章的主体，留给个人的想象空间就显得非常狭窄，自由心性的抒发和心灵力度的展示也受到了很大的局限。这其实是当下文化散文所面临的共同困难，即在自己的精神触角无法到达的地方，作家们几乎无一例外地请求历史史料的援助。然而，在我看来，东北这个阔大命题的诱人之处，并不在于历史传奇和历史苦难的演义，而是在于那些长年沉潜在民间的独特段落和瞬间，这些段落和瞬间里面所蕴含的精神消息，往往是巨大的，震撼人心的，它与在野的文明、异质的文化、民间的传统一脉相承。如何更多地发现这些段落和瞬间，并为这些段落和瞬间找到合适的心灵形式，使之被缝合到一个大的精神气场之中，这可能是素素下一本有关东北的书急需解决的问题所在。

（作者系中山大学教授）

创伤记忆与读城伦理

——《旅顺口往事》阅札

○ 王　侃

一

　　2005年仲秋某日，我第一次到大连。是夜，同行的师友聚在一起商议次日一早去旅顺口，去看"大狱"。因为舟车劳顿，我们到达大连时已倦意深浓，但在商定借出差的半日罅隙去旅顺口探访"大狱"时，众人还是挣开倦容，露出莫名的兴奋。不知为何，我对他们谈论"大狱"的口吻和表情有些介意。翌日，他们去旅顺时，我在大连的街头跟人学胶辽官话登连片。那是一次被从内心里拒绝的旅行。无论如何，在那个曾名马石津、都里镇、狮子口的地方，如此粗陋的行程不免失之轻佻，何况，怀着视其为历史或建筑奇观的旅游心态探访"大狱"，对于知识者来说必是一种严重的错。

　　对于治中国新文学史的学者而言，"旅顺"或"旅顺口"当是一个醒目的文学史地标。一个发生在日俄战争时期的"看杀"

事件，在紧要处催生了中国新文学的一个巨匠，并因此造就了新文学史上延绵至今的"鲁迅传统"。与这个巨匠和这个传统相关的，是黑暗的历史旷野、颓圮的文化废墟，是忧愤的思想表情、激越的批判动作，以及"两间余一卒"的孤拔形象、"荷戟独彷徨"的美学气质。归结起来，新文学史上的呐喊或彷徨，都与近代以来痛彻神州的民族创伤直接相关，与令人窒息的羞耻感直接相关。新文学产生于这样的历史境遇，并表述了这样的历史境遇。在进入新文学的每一个路口，我们都应该时刻准备着与这样的"痛"和那样的"耻"劈面而遇。

但是，让人咂摸不透的是，在后来有关那个"看杀"事件的各种叙述中，"仙台"总是会被提到的，"旅顺"却不再被提起，仿佛日俄战争悬于半空，从来不曾落于某片具体的土地。有关那片土地的山川风貌、地理水文、历史沿革以及街巷市井、民俗人情，对于大多数的新文学阅读者来说，一直是个虚空。旅顺无疑比"七子"中香港、澳门等地更有"历史"，但因为某种原因，它却被"历史性"地淡忘了。一个旅顺口，半部近代史——这样的说法一点儿不虚夸，正所谓"一山担两海，一港写春秋"。但这样的说辞如今只被印在当地的旅游手册上，在不起眼的角落，供粗心的游客随意忽略。如果你不去那儿，你有可能看不到这些原本灼烫的说辞；你去了那儿，读到了这些说辞，却有可能沿着旅游业的修辞，仅仅将旅顺的历史视作一堆冰冷的死物。

当然，更令人生厌的是，眼下的中国，有许多小资读物，城市的命题在汹涌的消费趣味和隐秘的买办心理的驱动下被分解，被从与耻辱相关的深重历史中剥离出来，然后进行无痛化的解读。那些绚烂至极的丽词华藻，貌似优雅的娓娓讲述，故作妙趣的插科打诨，使城市陷落于无边风月。谁能保证，此刻没有人埋头于一堆食材资料中正写着《舌尖上的旅顺》这样的轻佻书籍？我甚至可以推想，他可能从来就不曾来过旅顺，今后也未必打算来；他可能只需要一个月，就能让书稿爬上印刷和装订的流水线，然后带着支票埋头于另一堆食材资料中。

不过，值得庆幸的是，时隔多年，我可以携上一本《旅顺口往事》出发，重启久遭搁置的旅行。

二

如一般所见，《旅顺口往事》是历史散文。"历史"在进入文学性的表述系统时，不仅仅意味着史料的筛选和重组，也不仅仅意味着要被赋予美学的外表，这同时也意味着"历史"与作家之间的生命关系被打通。具体来说，这意味着作家要将自己的血管与历史血脉接通。一方面，历史会因此在作家内心激发思想与情感的回响，使其难以自抑，流注笔端；另一方面，作家也会用自己的心血去融化那些几成冰川的历史块垒，使其在当下的讲述中变得鲜活，触之有生命的温度。

素素自己写道："我不是一个民族主义者，阅读甲午战争史，却把隐藏在我身体内部的民族意识给激荡了起来。我终于知道，在这个世界上，民族其实是一个人的血统或身份证，它无法被删除，也不可能被屏蔽。"我想，这是素素的个人写作在与历史遭遇后的又一次自我发现。之前，从《流光碎影》到《独语东北》，每一次与历史相互缠绕的文学表达，使她完成了一次又一次的精神与风格的蜕变。但老实说，不是所有的作家都能在已然开启的文学方向上成功蜕变，因为在恢宏的历史血脉的激荡下，气血亏弱的作家会早早休克。我相信，《旅顺口往事》对于素素来说也是一场艰难的跋涉，正如她自己坦言，写旅顺口，让她"由此知道了，什么叫不能承受之重"。表面上看，《旅顺口往事》有着与《独语东北》相似的构思和笔致，多从有代表性、象征性的历史事件和历史遗迹落笔，逐渐洇染开去。但《独语东北》最终注视的是历史中的人性细节，而《旅顺口往事》则关乎"血统或身份证"，关乎耻辱和疼痛，它是在耻辱和疼痛的折磨下对历史细节的重新发现与重新叙述。

因为这有确定指向的"重新发现"和"重新叙述"，素素显然思量过全书的讲述节奏，并知晓其间的抑扬顿挫。当然，这无疑也基于素素对旅顺口五千年历史全局的了然，基于由她自己厘定的对于历史价值轻重的权衡。全书凡四卷，各卷篇幅相近，但力量分布不一。就我的阅读而言，我最为喜欢的章节是这本书的《卷二·重镇》。在《卷一·古港》的追述里，是"鱼香与米氛的缠绵"，是"理还乱的乡愁"，尽管也有烽烟，有战乱，有国殇，有殉难，但追述的笔致总体上是文学性的。但《卷二·重镇》的讲述则有调式上的显著转捩。这一卷的讲述从"大坞"始，至"万忠墓"迄，这是一个完整历史叙事的结构，由一个耀武扬威的军事神话开始，最后由一个血腥惨烈的屠城之耻结束。关于"大坞"，关于这个开启旅顺口"重镇"历史的近代军港，素素有一个精妙的比喻："我一直想，在当年的旅顺口，大坞是什么。想来想去，我认为它更像是旅顺口的子宫……旅顺口的许多东西，既因它而生，也因它而存在。"很明显，素素清楚地知道，这才是她真正要着力讲述的"旅顺口往事"：当旅顺口由一个"古港"而为"重镇"时，它才真正进入现代中国人的历史记忆，它撼人的悲剧性、它的"不能承受之重"，也自此开始。对这一卷的阅读，才真正让我对素素油然而生敬意。因为，对从"大坞"到"万忠墓"的贴切讲述，不仅需要有对"痛"和"耻"的本能的、锐利的敏感，同时还必须承受住在披阅和写作过程中无时不在的在这样的"痛"和那样的"耻"中泅渡的心力交瘁。素素在这本书的序言中说："读旅顺口，心脏常常感到窒息般的闷。写旅顺口，手有时会抖得敲不了键盘。"我想，这是素素在进入"旅顺口往事"时身心遇刺的结果。而这个遇刺者，如今向我们讲述目不暇接的遇刺场景，页页惊心——1890年的大坞、丢盔弃甲的炮台、不能一日守的城池、溃不成军的甲午海战、屠城的血海，以及长崎的失格、黄海的白旗……

旅顺口的"历史形象"似乎就应该这样被文学所记载："原只是一道地理的口子，却成了这个国家内心一道永难愈合的伤口，只要想起来，就血流如注。"这是素素对于旅顺口、对于旅顺口往事的带有文学修辞的概括，这也是旅顺口的永难挣脱的文学宿命。素素的出色，在于她对这个宿命的认知极为透彻，然后，秉承这样的认知，勇敢、坚韧、谨慎地将旅顺口的历史交付给文学。

三

《旅顺口往事》的写作历时四年。四年时光，说长不长，说短不短。但对于这样一本书来说，重要的不是时光的长短，而是时光中的付出，包括是否与旅顺口一道剖开心扉，切开血管，将心比心，以血试血。

如果说，《流光碎影》式的写作还可以让文学性去覆盖和装饰那些历史静物的话，那么，在写作《独语东北》时，素素肯定感觉到了文学性所无法遮掩的知识短板，感觉到了用所谓的文学性去遮掩知识短板的窘迫——毫无疑问，《独语东北》最精彩的篇什不是"历史叙事"，而是素素对亲历事物的经验式体悟。但《旅顺口往事》却让人有一种知识性的踏实感。从"古港"到"重镇"，到"要塞"，再到"基地"，精当的谱系设计体现了她对于"总体历史"的理论预想；而从"郭家村""牧羊城"到"三里桥""友谊塔"的烛幽发微，则体现了她对"事件历史"的辛勤检视，以及她据事直书的方法论态度。后者是实证主义的显著影响，前者则有"年鉴派"的清晰影子。除此之外，大量的田野考据也坚实地支撑了素素这本书的关键讲述。无论是在史海中与旅顺口遭遇，还是因为旅顺口而纵身史海，若非勇气，若非以血试血的壮怀激烈，但凭文学的扁舟何能轻易涉渡？读《旅顺口往事》，有时会有一丝恍惚，仿佛在旅顺口的每一处街角、每一道山梁、每一个岙口、每一尊塔碑，我都看到了素素的身影：柔和、沉静，却并不孱弱。的确，《旅顺口往事》让人看到了素素对旅顺口每个角落的深切抵达，对卷帙浩繁的史料的勤勉披阅，对艰深史学理论的不懈钻研，以及由此形成的对于旅顺口的历史经纬和地理坐标的沉定把握。这是一个作家对于一个城市的历史态度，对于一段历史的生命态度。这样的态度虽非苛求，但我肯定，对于今天的中国文学和今天的中国作家来说，这样的态度并不具有普遍性。

有学者称《旅顺口往事》是一部旅顺口地方知识的百科全书。我深以为然。这样的结论显然得之于这本书为我们所打捞和呈现的丰饶的历史细节。一般人对旅顺口的了解仅限于普泛、狭窄的公共知识，限于近代以来与战争相关的、局部的历史记忆，除此之外的知识常付之阙如。我承认，我就属于此类。人们或有知道从马石津到旅顺口的地名更替线索的，但罕有人知晓始自"郭家村"的沧海桑田，罕有人知晓鲜卑、契丹、女真以及渤海、大辽、金国在这里的风云际幻，以及耶律倍去国的忧伤、袁崇焕戍边的悲壮，以及马云、叶旺、刘江、黄龙等一长串名字背后的邈远故事。即便我们知晓一百年前在这里发生的两次惊世之战，知晓《马关条约》《旅大租地条约》，但也未必有人知晓修筑"重镇"的贪腐账目、溃不成军时的慌不择路，甚至，列宁的姐姐、姐夫随俄军抵旅时的洋洋得意。我也承认，在读完《旅顺口往事》前，我对百年来的旅顺口的历史于细节处基本无知，哪怕我和许多人一样，认定是"旅顺口"、是旅顺口的"看杀"催生了一个我们视如偶像的文学巨匠。

不用说，一个作家在如此密匝的历史细节中浸润日久，必会生出史学情结，她会在考证、分析、究诘的反复中努力寻找价值方向，形成历史判断。对于近代以降骤然发生在旅顺口的林林总总，素素写道："听起来像《天方夜谭》，看上去却是《资治通鉴》。"在"天方夜谭"和"资治通鉴"之间，文学和历史显露了彼此的分野。每当这样的对峙发生时，素素会不自觉地站在"历史"一边。她写大坞，没有凭吊，而是用史家的理性，解密一个军事神话所以破碎的玄机；她写炮台，抑住感伤，却是用史家的逻辑，穷尽了"一朝瓦解成劫灰"的命数；她写海战，不事渲染，但是用史家的冷静，掐灭了通往胜算的所有念想。在俄国人将旅顺口描绘成"远东的啤酒馆"的想象里，素素越过了其中的浪漫，擒住了帝国的野心，却"历史地"意识到这野心的不可阻遏。素素在这本书里的所有讲述，最后统统指向一个清晰的判断：决定旅顺口命运的，不只是它的地理条件，更是它不得不存在其中的历史。对这些章节的阅读，有时会让我暂时忘了素素的作家身份。实际上，在这本书的大部分文字里，已看不到素素早期散文里对于文学性的那种刻意。我在一篇见诸网络的访谈文章里看到，素素坦承这本散文集是"无技巧"的。这和我们通常在各种历史/文化散文中举目可及的斐然文采与神采飞扬确乎不同。我猜想，素素或许做过"技巧"的努力，但是，每当此时，她都会迅速发现，在"旅顺口往事"面前，所谓技巧，终不过是一种矫情。

四

"旅顺口"作为一个特定的历史意象，牵涉近代以来世界格局中的东亚与西方的政治对峙，纠缠着殖民与反殖民的国家争衡，以及国际共运史框架中的盟派关系。这一系列的历史命题既深刻又复杂。对这一系列命题进行全面、精确和深入的阐述，肯定不是文学的使命。《旅顺口往事》的历史讲述有着属于文学的命题取舍，以及最终只能停留在文学里的历史情怀。

对于大多数作家来说，支持其写作的精神立场通常是人性原则与伦理意识。素素也不例外。只不过在面对"旅顺口往事"时，这样的"原则"和"意识"会在史学情结背后沉潜，但它们会是最终发挥作用的力量。而素素在这本书里表现得与众不同的是，她的人性原则总是会很快捷地过渡到伦理审决。

在有关"万忠墓"的章节里，素素一方面提醒自己不要狭隘地解读万忠墓，不要在"爱国主义"的层面上轻估了它的意义和重量，相反，要将这场由日本入侵者发动的屠城血案上升到人性灾难的高度来理解："发生在旅顺口的这一幕，岂止是大清国的耻辱，更是整个人类的悲剧。"但是，另一方面，当屠杀的细节被不断援引之后，素素的声音明显变调："说到底，这是一个国家对另一个国家的谋杀。"她坚定地认为："1945年秋天，裕仁天皇口念的降书，只不过是强咽的一口恶气。尽管耻辱的投降让日本军人脱下了沾血的作战服，尽管他们日后穿上了干净而体面的西装，甚至系上了雅致的印着和式花纹的领带，大和民族骨子里的嫉妒和好战，仍让他们的邻居以及爱好和平的人们不敢安睡。"我们很容易辨认出，素素最初试图从"人性""人类"出发的发言，折向了"国""族"立场的提审。

在如今的旅顺口，太阳沟的殖民遗迹，已在景观美学的强势修辞下成为无关伦理的旅游胜地。当年，殖民者肆无忌惮地依据自己的需求和想象塑造了这个城市的面貌，无论是俄国人建的欧式市区，还是日本人修的关东神宫，都是殖民者给我们这个民族刺下的墨黥。素素写道："在旅顺口，这是一个纯粹的欧式市区，不准中国人在这里居住，只许中国人在这里租用店铺。如果中国人想在这里经营旅馆，也只能给欧洲人住。这是典型的殖民地特征……华洋分处，种族隔离。"可能是与这些年的史学训练有关，大多数时候，素素是个平和的讲述者，文字素净，语气淡定。即便如此，我还是能感觉到她强抑的愤懑："（殖民者）用抢来的钱，买啤酒、音乐和新潮的泳装，再闭上眼睛做怀乡的梦。这样的好日子，旅顺口却只能站着旁观，因为这个要塞属于殖民者。"在写到"曾经的大清铁岸，如今成了日本人美化自己的战迹地"时，她拟想，当年途经此地的梁启超若非醉去，定当失态至极——这何尝不是素素的自况？

在有关"记忆"的研究中，人们常要面对这样的问题：人以什么理由来记忆？因为所有的记忆都有确定无疑的伦理或道德向度。文学，尤其是与历史结盟的文学，是古老的记忆形式。如果我们要借此询问素素的这部历史散文是"以什么理由来记忆"，我想说的是，必是一种基于民族伦理的强烈焦虑驱动了她最为内在的写作动机，也正是在民族伦理的向度上，这部历史散文选择了"痛"与"耻"的写作面向，实现了"创伤记忆与民族关怀的结合"。

毕竟，百年已逝。也许，我们已经开始面临记忆断代的境况。如今，我们该如何向涌向旅顺口的国人讲述表忠塔、太阳沟给我们造成的伦理尴尬？或者，仅仅将它们视为旅游景观而公然规避其中的伦理难题，从而在关于旅顺口的讲述中滤去有关"国""族"的一切命题？或许，这已经是当下旅顺口的某种记忆状态，因为素素不止一次地暗示过今人对"耻"与"痛"的漠然："我知道，现在的年轻人不太关心这个，历史毕竟是个沉重的话题，他们只想娱乐身体。"更不要说不久前发生的对于战舰残骸的商业打捞与低俗买卖。

　　无论如何，记忆的起因是为了抵抗遗忘。如何将创伤性的历史记忆重新注入当下的公共记忆，接续历史记忆的代际链条，我们需要有文学和伦理学的重新考量。就此而言，素素和《旅顺口往事》可谓典范。

　　其实，人都是生活在历史之中的，只是一般而言，大多数人都以为自己外在于历史。而作家的职能之一，就是以文学的方式将我们重新带入历史，让我们意识到，历史是我们呼吸的空气，是我们行止的规矩，是我们可以生存以及如何生存的最终依据。

　　《旅顺口往事》让我再次明白了这个道理。

　　（刊载于《当代作家评论》2013年第4期。作者系文学博士、杭州师范大学教授）

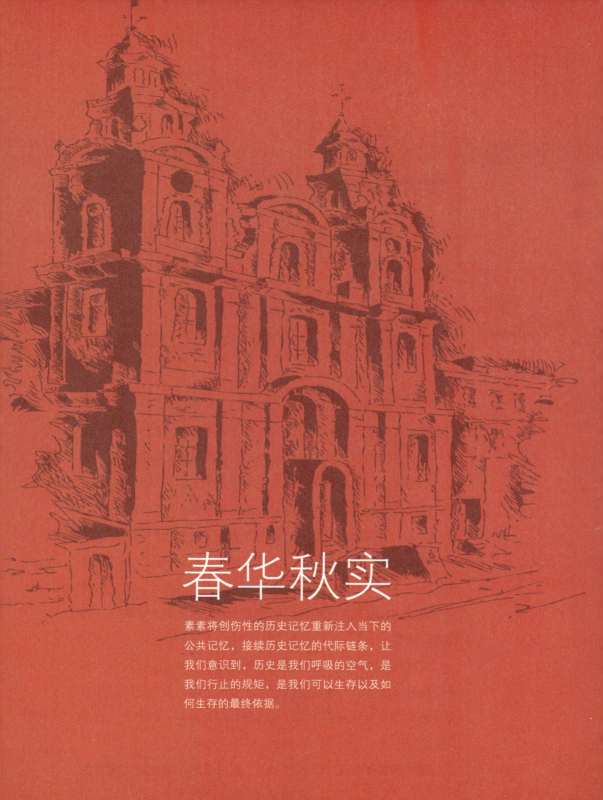

春华秋实

素素将创伤性的历史记忆重新注入当下的公共记忆，接续历史记忆的代际链条，让我们意识到，历史是我们呼吸的空气，是我们行止的规矩，是我们可以生存以及如何生存的最终依据。

我的散文观

○ 素 素

　　我认为，在当代中国文坛，在批评家、出版商和影视导演眼中，最受宠的并不是散文，而是小说。中国虽然有悠久的散文传统，可是这个传统在商业时代被更加商业的小说取而代之。小说可以改编成电影，小说让评论家有话可说，散文由原来的庙堂之高，非文人士大夫不可涉笔，如今变成什么人都能为之，专栏作家、自由撰稿人、业余写手，让散文变成了最大众化、最随意的表达形式。散文不再神秘，散文甚至被认为不是文学，而是一种公共叙事。这对散文无疑是一种伤害，对写散文的人也缺少一种应有的尊敬。

　　我对散文非常爱，这种爱已经化为痴迷的坚守。我从1974年第一次发表散文，至今已整整三十个年头。这么多年之所以没有离开散文，是因为它适合我。可是我写得并不多，因为我一直是个业余写作者。

　　我从来没有说过自己的散文观，我只管写，我的散文观就在我心里。我始终认为，一个人的散文观其实就是一个人的价值观。

首先，我认为散文是思想的盛宴。意大利女作家法拉奇说，作家必须提供思想。一篇好散文，当然也必须提供思想。这个思想，应该是写作者独自的发现、独特的认知。它是在纷乱和隐藏中被找到的，它是对一种至境最理性和最终的抵达。我每写一篇散文，如果没有找到这个隐藏在最后的结论，就会觉得这篇散文没有完成，或者就不完整。

其次，我认为散文是心灵的广场。它与生命最近，它将一个人生命的积累、生命的经验、生命的感动最直接地衍化为文字。这个文字所要的就是一个人内心的真实和真诚。不论写什么题材，不论以什么方式书写，写作者都不能让自己的情感失去真。真是散文的魅力所在。真是大美，也是大善。

最后，我认为散文是个性的飞扬。散文需要彰显个性，只有以无法复制的个性示人，才可以在熙熙攘攘里被一下子识别，自成一家，才可以在浩如烟海里不被取代，独占一席。首先是语言表达的个性化，其次是叙述风格的个性化。语言表达的个性化决定了叙述风格的个性化。它们一起构成了文采。文采上不被淹没，就是散文的至境。

20世纪90年代是中国的散文时代。在这个时代，有小说家写的散文、诗人写的散文、学者写的散文、散文家写的散文，当然还有大女人和小女人写的散文、不以写字为生的人写的散文。虽然中国在20世纪90年代以来有这么多人写散文，如果没有余秋雨的散文、张承志的散文、周涛的散文、贾平凹的散文、史铁生的散文，那么散文的这一片原野上就只有繁花，而没有大树。能称得上一个时代，必须有一群大家来支撑。

在这些大家中，我更喜欢张承志和史铁生。

张承志原是写小说的，他的《黑骏马》和《金牧场》像一个预言，早早就发布了他会走得更远或离我们更远的消息。后来他写了散文，一部《心灵史》让他找到了灵魂的出口。说到底，他是一个诗人，他的内心充满了诗人的浪漫和痛苦。我几乎可以这样认为，他写完《清洁的精神》就再也不能停留在喧哗的都市，于是他向西北的黄土高原走去，把自己交给了最美最洁的那一极，代价就是把自己彻底撕裂，让自己成为一个流浪的智者。在这篇文字里，我会感动于他的英雄意识，他是怀着责任、怀着感伤和忧愤，像布道传教那样，向我散发一种纯粹的精神，那几乎被今人遗忘的经典。对于洁，我熟知它的定义，却有隔世般的距离。张承志把那一个个陈旧的故事用考古的目光连缀起来，是因为孤独因为先知因为善和悲悯。

史铁生是作家，也是思想者。这与他的经历有关，与生命的残缺有关。史铁生是孤独的，《我与地坛》是当代散文精品，我能读懂，但读它的时候并不轻松。地坛，那个空旷的园子，既是他的摇篮，也是他的地狱。在这里，他观察了生，也体验了死，他那不安而又从容的灵魂，就在那无数个寂寞的日子里轮回，在心与坟墓之间游荡。最后，像完成了一个神秘的仪式，他懂了自己，也爱上了自己，因为爱上了自己而爱上了存在与消失。

作家出版社要出一本《散文家喜欢的散文》，主编问我喜欢谁的，喜欢哪一篇。因为要求极严，只能说一个人、一篇文字，我就选了张承志和他的《清洁的精神》。然而，史铁生也是中国当代散文的坛主，这两个清醒而孤独的思想者，我将一路追随。

作品展示

《北方女孩》 大连出版社出版 1990年

素素：女人书简——生命的感觉

《女人书简》 四川文艺出版社出版 1994年

《素素心羽》 大连出版社出版 1994年

《相知天涯近》 上海书店出版社出版　1996年

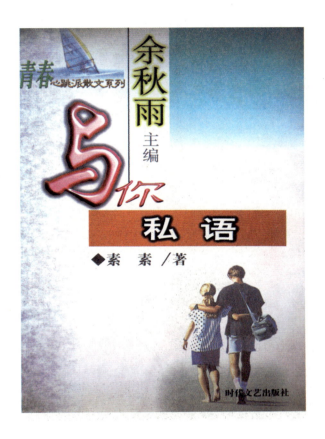

《与你私语》 时代文艺出版社出版 1999年

人文中国丛书

独语东北

素素 著

山是白的、水是黑的，风是黄的，雪像种子一样四季复苏，春天像白骄的一样桀骜不驯，城市披宏而又豪放，村庄通达然而纯朴。走进大东北，就走进莽莽的北方。走进大东北，就走进冬季，走进雪原，走进野性的森林。

《独语东北》 百花文艺出版社出版 2001年

　　获中国"首届冰心散文奖""第三届辽宁文学奖辽河散文奖""第三届鲁迅文学奖散文、杂文奖"

《女人心绪》 知识出版社出版 2001年

棒棰岛 · 「金苹果」文艺丛书

《佛眼》 浙江文艺出版社出版 2001年

《欧洲细节》 中国旅游出版社出版 2004年

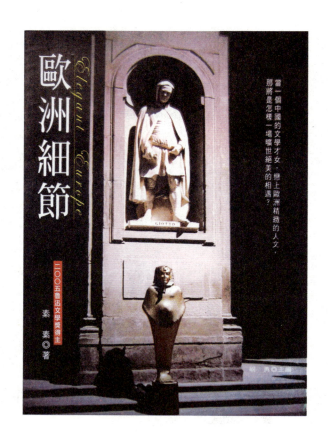

《欧洲细节》 台湾知本家出版公司出版 2005年

《永远的关外》 河南文艺出版社出版 2006年

《张望天上那朵玫瑰》 河北教育出版社出版 2006年

获"第三届中国女性文学奖"

《流光碎影》 大连出版社出版　2008年

　　入选新闻出版总署第二届"三个一百"原创图书出版工程

《独自跳舞》 鹭江出版社出版 2010年

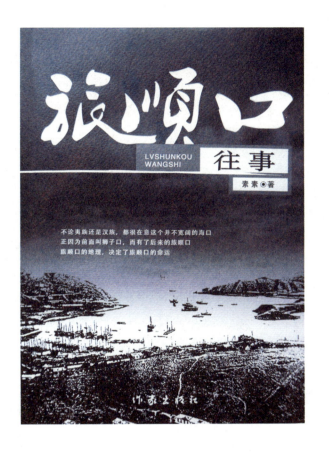

《旅顺口往事》 作家出版社出版　2012年

获"第八届辽宁文学奖散文奖"

素 素

棒棰岛 · 「金苹果」文艺丛书

『字码头』读库

原乡记忆

素 素 ◎ 著

大连出版社

《原乡记忆》 大连出版社出版 2014年

艺术年表

1955年　出生于辽宁复县（今瓦房店）。

1962年　就读于复县赵屯公社黄土岭小学。

1968年　就读于复县第十中学。

1973年　担任赵屯公社报道员。

1974年　第一篇散文《红蕾》发表于《辽宁文艺》。

1978年　就读于旅大师范学校中文专业。

1980年　留校担任大连师专辅导员、学报编辑。

1981年　散文《面鱼儿》获《海燕》作品一等奖。

1983年　成为大连日报社文艺部编辑，此后历任文艺部副主任、
　　　　周刊部主任。

1989年　散文《北方女孩》获《当代作家评论》"全国青年散文
　　　　大奖赛"银奖。

1990年　散文集《北方女孩》在大连出版社出版，它既是我出版
　　　　的第一本书，也是关于乡村母题散文的结集。

1994年　散文集《女人书简》和《素素心羽》分别在四川文艺出版社、大连出版社出版。

散文《佛眼》获中国作家协会"广东杯"全国散文大赛一等奖。

1996年　关于知识女性生活与情感这一母题的系列散文，在国内引起广泛的关注，荣获"第四届辽宁省优秀青年作家奖"。

《相知天涯近》在上海书店出版社出版。

1999年　《与你私语》在时代文艺出版社出版。

2001年　《女人心绪》和《佛眼》分别在知识出版社、浙江文艺出版社出版。

散文集《独语东北》在百花文艺出版社出版。

2002年　散文集《独语东北》获中国"首届冰心散文奖"。

2003年　散文集《独语东北》获"第三届辽宁文学奖辽河散文奖"。

2004年　海外系列散文《欧洲细节》在中国旅游出版社出版。

2005年　《独语东北》获"第三届鲁迅文学奖散文、杂文奖"。

2006年　荣获大连市政府文艺最高奖"金苹果"奖。

《永远的关外》在河南文艺出版社出版。

2008年　散文集《张望天上那朵玫瑰》获"第三届中国女性文学奖"。

散文集《流光碎影》在大连出版社出版。

2009年　散文集《流光碎影》入选新闻出版总署第二届"三个一百"原创图书出版工程。

2010年　生活系列散文《独自跳舞》在鹭江出版社出版。

2012年　《旅顺口往事》在作家出版社出版。

2013年　散文集《旅顺口往事》获"第八届辽宁文学奖散文奖"。

2014年　文化地理系列散文《原乡记忆》在大连出版社出版。